교양으로 읽는
종교개혁 이야기

교양으로 읽는 종교개혁 이야기

초판 1쇄   2017년 08월 23일 발행
　　2쇄   2017년 11월 24일 발행

지은이   이상규
펴낸이   김기영
발행처   도서출판 영음사
주소   경기도 수원시 권선구 경수대로 369번길20, 4, 5층
전화   031) 233-1401, 1402
팩스   031) 233-1409
전자우편 biblecomen@daum.net
등록   2011. 3. 1 제251-2011-14호

이 도서의 국립중앙도서관 출판시도서목록(CIP)은 서지정보유통지원시스템 홈페이지(http://seoji.nl.go.kr)와 국가자료공동목록시스템(http://www.nl.go.kr/kolisnet)에서 이용하실 수 있습니다.(CIP 제어번호: CIP2017019931)

ISBN 978-89-7304-130-5 (03230)
값은 뒤표지에 있습니다.

이 책의 출판권은 도서출판 영음사에 있습니다.
저작권법에 의하여 보호를 받는 저작물이므로 무단전재와 복제를 금합니다.

교양으로 읽는
종교개혁 이야기

이상규 지음

도서 출판
영 음 사

서문

종교개혁 500주년을 맞으면서 종교개혁에 대한 관심이 높아졌습니다. 자연스런 현상이지만 한국 교회는 그 어느 때보다도 역사에 대한 관심이 높아지고 있습니다. 이는 바람직한 현상이라고 할 수 있습니다. 지난 역사를 헤아려보고 반성과 성찰의 기회로 삼는 일은 한국 교회를 새롭게 정립하는 계기가 될 것입니다. 종교개혁 400주년을 기념하는 1917년 전후 유럽에서는 소위 '루터 르네상스'라고 불릴 만큼 엄청난 양(量)의 루터 등 개혁자들에 대한 연구가 출판되었고, 그것이 사실상 16세기 연구를 진작시켰습니다. 요즘 한국교회에는 종교개혁에 대한 일반인의 관심이 높아져 일간 신문이 종교개혁에 관한 기사를 게재하는가 하면, 기독교 관련 학회는 종교개혁과 관련된 주제로 학회를 개최하고 있고, 여러 학자들의 유관 서적들이 출판되고 있습니다. 이런 일들이 한국교회의 신학적 성숙에 기여할 것으로 기대됩니다.

필자 또한 종교개혁사를 공부하고 가르치면서 어떻게 하면 교회사를 쉽고 재미있게 공부할 수 있을 것인가를 고심했고, 종교개혁이 무엇이며 개혁운동이 어떻게 전개되어 오늘의 개신교회를 형성하게 되었는가에 대해 알고자 하는 이들에게 도움을 주기 위해 이 책을 출판하게 되었습니다.

이 책은 16세 유럽에서 전개된 130여 년간의 종교개혁의 역사를 간명하게 기술하되 누구나 쉽게 읽을 수 있도록 12개 장으로 구성하여 평이하게 기술했습니다. 제1장에서는 '종교개혁이란 무엇인가' 라는 주제로 종교개혁을 정의하고, 종교개혁의 신학적 의의와 지역적 전개와 발전 그리고 교파의 형성에 대해 개관하였습니다. '종교개혁'은 다름 아닌 '교회개혁'이며, 이 운동은 하나님께서 이끌어 가신 역사였다는 점을 지적했습니다. 제2장 '종교개혁의 배경'에서는 종교개혁이 일어날 수밖에 없었던 교리와 신학 혹은 도덕과 윤리적인 배경을 설명했습니다. 따지고 보면 3가지, 곧 돈(물질), 권력, 명예에 대한 탐욕이 교회 부패의 근원적 원인이었음을 지적했습니다. 이점은 어느 시대나 동일합니다.

제3장 '종교개혁 이전의 중세 개혁자들'에서는 16세기 개혁에 앞서 12세기부터 전개되었던 중세 하에서의 개혁의 여러 시도를 소개하면서 중세교회의 문제를 알 수 있게 했고, 종교개혁 이전의 개혁자들(Reformers before Reformation)을 소개했습니다. 이들은 비록 탄압을 받고 화형을 당하기도 했으나 이들의 외침이 후일의 종교개혁을 가능하게 했음을 지적하였습니다.

제4장 '종교개혁기의 권력자들'에서는 개혁운동에 영향을 준 신성로마제국 황제 카를 5세, 독일 작센의 선제후 프리드리히 3세, 그리고 개혁이 시작되었을 때의 교황이었던 레오 10세를 소개했습니다.

제5장에서부터는 국가 혹은 지역별로 대표적인 개혁자들을 중심으로 전개된 교회개혁의 역사를 소개했습니다. 즉 독일, 스위스(독일어권과 불어권), 스코틀랜드, 잉글랜드 등지에서 루터, 츠빙글리, 칼빈, 낙스, 그리고 잉글랜드의 헨리 8세와 에드워드 6세, 메리와 엘리자베스에 이르는 기간의 종교적 상황과 영국교회의 형성에 대해 소개하였

습니다. 그리고 10장에서는 유아세례를 거부하고 국가와의 분리, 완전주의적 교회를 지향했던 재세례파 운동에 대해 11장에서는 프랑스에서 전개된 교회개혁의 역사를 소개했습니다. 특별히 이 책에서 종교개혁사 관련 연표를 제시하여 종교개혁의 역사를 원근법으로 성찰할 수 있도록 배려하였습니다.

주후 30년 경 예루살렘에서 시작된 기독교회는 바울의 전도여행을 시작으로 타지로 확산되었고, 박해를 받으면서도 1세기가 못 되어 당시 로마제국의 거의 모든 지역으로 확산되었습니다. 4세기 이후 기독교회는 국가교회 혹은 제국의 교회가 되면서 로마교회를 거점으로 하는 교권적 로마 가톨릭교회로 발전했습니다. 미신과 이교사상의 유입, 인간중심의 교권체제로 굳어져 본래적 기독교에서 이탈하여 교회가 변질되고 타락했으나, 16세기 개혁을 통해 개신교회(Protestant church)가 형성되어 본래적 기독교 신앙을 회복하게 되었습니다. 이 개신교 신앙이 18, 19세기 선교운동으로 서구와 아시아 아프리카의 주도적인 종교로 자리잡게 되었고, 1880년대 이후 한국에도 소개된 것입니다. 이 책이 중세시대와 종교개혁시대, 특히 하나님의 교회를 새롭게 건설하려는 16세기 교회개혁의 역사를 이해하는 데 작은 안내가 되기를 바랍니다.

2017년 08월 01일

이상규

차 례

서문　　004

제1장 **종교개혁이란 무엇인가?**　　009
제2장 **종교개혁의 배경**　　027
제3장 **종교개혁 이전의 중세 개혁자들**　　055
제4장 **종교개혁기의 권력자들**　　105
제5장 **루터와 독일에서의 개혁**　　125
제6장 **츠빙글리와 취리히에서의 개혁운동**　　149
제6장 **칼빈과 제네바에서의 종교개혁**　　167
제8장 **낙스와 스코틀랜드에서의 교회개혁**　　197
제9장 **잉글랜드(영국)에서의 개혁**　　211
제10장 **재세(침)례파 운동**　　227
제11장 **프랑스에서의 개혁과 개혁교회**　　239
제12장 **종합과 결론**　　261

종교개혁 연표　　264

제1장
종교개혁이란 무엇인가?

　　종교개혁 500주년을 맞으면서 교회개혁의 역사를 뒤돌아보는 일은 오늘의 한국교회 성찰을 위한 도전과 교훈을 줄 것입니다. 16세기의 종교개혁은 단순한 과거적 사건이 아니라 오늘을 위한 교훈이라고 할 수 있습니다. 이런 점에서 아우구스티누스, 데오도 베자, 칼 바르트가 "교회는 항상 개혁되어야 하고"(*Ecclesia semper reformanda est*), "개혁된 교회는 항상 개혁되어야 한다."(*Ecclesia reformata, semper reformanda*)고 말한 것입니다. 종교개혁에 대한 공부가 과거에 대한 이해만이 아니라 오늘의 한국교회를 위한 성찰이 되었으면 좋겠습니다. 역사는 사례(example)를 가지고 가르치는 일종의 설교입니다. 16세기 교회개혁에 대한 역사가 오늘의 한국교회에 교훈과 경고가 되었으면 좋겠습니다.

'종교개혁'은 꼭 500년 전인 1517년 10월 31일, 독일 비텐베르크(Wittenberg) 대학의 교수였던 마르틴 루터(Martin Luther, 1483-1546)가 당시 교회가 가르치는 거짓된 구원론에 대해 토론할 것을 제의하면서 95개 조의 토론문을 비텐베르크 성(城) 교회 정문에 게시한 사건으로부터 시작되었습니다. 어거스틴파 수도사였던 루터는 성경이 가르치는 바른 구원관을 깨닫게 되었고, 당시 교회가 가르치는 성경관, 교회관, 성찬관, 특히 구원관의 오류를 깨닫게 되었습니다. 그 구체적인 사례가 당시 공개적으로 판매되고 있던 면죄부(免罪符)*였습니다. 로마의 성 베드로 성당과 시스티나 성당을 건축할 자금을 조달하기 위한 불순한 의도로 면죄부가 판매되고 있었습니다. 그래서 루터는 면죄부 판매의 부당성을 토론하기 위해 95개 논제를 게재하게 된 것입니다. 이 때 루터는 34세의 젊은 교수였습니다.

---

* 영어의 Indulgence는 '탐욕', '방종'이란 뜻이 있는데, 종교적 용어로 '면죄부'(免罪符)로 번역하지만 죄를 면해주는 것이 아니라 벌을 면해주는 의미이기 때문에 '사면부'(赦免符) 혹은 '면벌부'(免罰符)로 번역하는 것이 보다 타당하다고 할 수 있다. 그러나 한국교회가 오랫동안 이 용어를 사용해 왔기 때문에 이 책에서도 '면죄부'로 칭하였다.

하나님이 이끌어 가신 개혁

흥미로운 일은 루터는 95개 조를 독일의 일반인들이 읽을 수 있는 독일어로 게재한 것이 아니라, 오직 공부한 사람들만이 아는 라틴어로 게재했다는 점입니다. 당시 독일의 문맹률은 90%에 달해 독일어로 게재해도 읽을 수 있는 인구는 제한적일 수밖에 없는데,* 루터는 독일어로가 아니라 라틴어로 게재한 것입니다. 라틴어는 4세기 이후 서방교회의 공식적인 언어였습니다만 당시 독일인 중에 라틴어를 읽을 수 있는 인구는 전체 인구의 0.5%에도 미치지 못하는 죽은 언어(死語)였습니다. 그런데 왜 루터는 95개 조를 라틴어로 게제했을까요?

이것은 루터가 오늘 우리가 말하는 종교개혁을 의도하지 않았음을 암시합니다. 루터는 학자들끼리 모여 토론 한 번 해 보자는 의도였던 것으로 보입니다. 그러나 하나님은 이 작은 계기로 교회를 개혁하고 유럽사회를 변화시키는 거대한 역사를 시작하신 것입니다.

---

* 로제 샤르티에가 편집한 『책 읽기의 역사』(*A History of Reading: In the West*)에 기고한 장 프랑소와 질몽은 "종교개혁과 독서"라는 항에서 16세기 당시 유럽사회는 문맹천지였다고 말하면서 1500년 경 독일인구의 3–4% 만이 문자를 알고 있었다는 Rolf Englesing의 주장을 인용한다. 도시 지역의 경우 10% 이상이었다고 말하지만 일반적인 문맹율은 85–90%였다고 알려져 있다.

우리가 종교개혁을 말할 때, 여러 개혁자들을 말하고 그들이 개혁을 추진하고 그들이 개혁을 성취한 것으로 말합니다만, 사실 개혁을 이끌어 가신 이는 하나님이었습니다. 그래서 독일에는 이런 속담이 있습니다. "사람은 생각하고 하나님은 이끄신다."(Der Mensch denkt, Gott lenkt). 사람이 의도하고 계획한다 할지라도 그 일을 이루시는 이는 하나님이라는 뜻입니다. 사실 종교개혁은 모세의 노래처럼(출14:1-18) 하나님께서 이끌어 가신 대사(大事)입니다.

미국의 저명한 루터파 교회사학자인 베인톤(R. H. Bainton)을 비롯한 루터파 학자들은 루터가 아니었더라면 개혁은 불가능했다고 말하지만, 사실은 루터가 아니었다 하더라도 개혁은 일어났을 것입니다. 루터의 생애나 그 이후의 개혁운동사를 보면 순간순간 하나님이 당신의 교회를 개혁하시고 개혁을 이끌어 가셨음을 알 수 있습니다. 어떤 점에서 루터는 오늘 우리가 말하는 종교개혁이라는 거대한 변혁을 시도하지 않았고 단지 학문적 토론을 의도하였지만, 95개 조 사건은 종교개혁이라고 하는 거대한 변혁사건으로 발전한 것입니다. 이런 역사의 발전을 주관한 분은 하나님이셨습니다. 하나님은 신실한 수도사를 통해 당신의 교회를 쇄신하는 역사를 이끌어 가신 것입니다.

루터가 95개 조를 게시하자 이 사건은 일주일이 못되어 독일 전역으로 확산되었고, 한 달이 못되어 전 유럽으로 전파되었습니다. 처음에는 필사본이 유통되었으나 그해 12월 독일어 번역본이 라이프찌히, 뉘른베르크, 취리히에서 동시에 인쇄되어 각처로 보급됩니다. 인쇄비용은 루터의 친구들이 부담했습니다. 이때는 1450년, 구텐베르크 인쇄술이 발명된 지 70여 년이 지난 때였습니다. 인쇄술은 유럽의 문화에 엄청난 변화를 가져 온 것입니다. 후일 루터의 친구 프레드리히 미코니우스는 이렇게 썼습니다. "루터의 95개 조는 열나흘이 채 지나기도 전에 독일 전역에 전파되었고, 4주 안에 모든 기독교 세계가 이 문서에 친숙해졌다. 마치 천사가 전령이 되어 뭇 사람들의 눈앞에 가져다 놓은 듯 했다." 그래서 종교개혁을 '매체사건'이었다고 말하고, "인쇄술이 개발되지 못했다면 종교개혁은 성공하지 못했을 것이다." 라고 말하기도 합니다. 루터의 작품들은 "판매 되었다기보다는 빼앗겼다"고 할 만큼 인기를 누리며 유럽에 전파된 것입니다. 이런 점에서 프랑소와 랑베르(Francois Lambert)는 1526년 "인쇄술은 하나님의 준비였다."고 했습니다. 루터 자신도 그의 탁상논담(Tischreden)에서 "인쇄술은 하나님께로부터 받은 최후의 선물이며 가장 위대한 은총이다. 진정 하나님은 이 수단을 통해 참된 기독교의 모습을 세상 모든 곳에, 세상 끝까지 보여주기를 원하신다."라고 말한 바 있습니다.

'종교개혁'인가 '교회개혁'인가?

그렇다면 종교개혁이란 무엇입니까? 우선 용어(用語)부터 생각해 봅시다. 우리가 '종교개혁'이라는 말을 사용합니다만 사실은 '교회개혁'이라고 말하는 것이 더 타당합니다. 물론 16세기 당시 종교는 기독교였으므로 종교개혁이라고 말할 때 기독교의 개혁을 의미하는 것은 사실입니다. 그러나 오늘날과 같이 여러 종교가 공존하는 사회에서 종교개혁이라고 말하면 기독교만을 지칭하지 않고 종교 일반을 칭하는 것으로 오해될 수 있습니다. 또 개혁자들이 개혁하려고 했던 대상은 일반적 의미의 '종교'라기 보다는 하나님의 '교회'였습니다. 이런 점에서 '종교개혁'이라는 용어보다는 '교회개혁'이라는 용어가 더 적절합니다.

그런데 왜 우리는 서양에서 말하는 'Reformation'을 '종교개혁'으로 번역하게 되었을까요? 그것은 일본의 영향 때문입니다. 우리는 서양의 역사를 일본을 통해 배우게 되었는데, 일본에서 'The Reformation'을 '종교개혁'(宗敎改革)으로 번역했고, 우리는 그 번역을 그대로 따랐던 것입니다. 우리나라 첫 장로교 신학교육기관이었던 평양신학교에서 처음으로 교회사를 가르쳤던 호주장로교 선교사 왕길지(Gelson

Engel)는 '종교개혁사'를 '교회갱정사'(敎會更正史)라고 불렀습니다.* 아주 적절한 번역이라고 생각되고, 또 개혁의 정신에 부합하는 번역이라고 생각됩니다. 그러나 우리가 오랫동안 '종교개혁'으로 말해왔기 때문에 이 글에서도 그냥 '종교개혁'으로 부르도록 하겠습니다.

종교개혁이란 무엇인가?

이제 종교개혁이란 무엇인가를 설명하려고 합니다. 간단하게 말하자면, 본래의 기독교 회복 운동이라고 할 수 있습니다. '개혁'이란 말 자체가 무엇인가 개혁되지 않으면 안 될 그 무엇이 있다는 점을 암시합니다. 개혁이란 일차적으로 개선이나 혁신이라기보다는 본래적인 것의 회복입니다. 다시 말하면 종교개혁은 성경의 기독교, 혹은 원시 그리스도교 회복운동입니다. 성경에서 가르치는 성경적 기독교 신앙과 생활에서 이탈한 중세 로마교회의 예배와 예식, 신앙과 신학, 형식화된 의식적 생활을 떠나 사도적 교회에로의 회복을 의미합니다. 반복하지만, 하나님의 말씀인 성경에서

---

* 이상규, 『왕길지의 한국선교』 (숭실대학교 출판부, 2017), 126.

떠난 로마교의 성례전적인 제도(Sacramental System)와 공로사상(功勞思想) 등과 같은 비복음적인 전통에서 벗어나 성경의 기독교 혹은 근본의 기독교, 혹은 사도시대의 교회로 돌아가려는 운동이 종교개혁입니다.

이런 점에서 종교개혁은 결코 어떤 새로운(new) 신학운동이 아니었습니다. 사도시대 교회로부터 있어 왔으나 오랜 세월동안 로마가톨릭교회의 교권과 미신과 비복음적인 전통 속에 가려졌던 바른 교리와 생활을 회복하려는 운동이 바로 종교개혁입니다. 그래서 종교개혁은 오랜 세월 동안 미신과 인간중심의 계급구조, 종교적 의식 그리고 잘못된 신학 속에 가려졌던 성경적인 교리와 바른 교회, 바른 생활원리를 재발견하게 된 것입니다. 그래서 우리는 종교개혁에서 아우구스티누스(Augustinus)의 은총의 신학을 보며, 바울의 이신득의(以信得義) 신학의 부흥을 봅니다.

많은 사람이 종교개혁을 단순히 교리적인 혹은 신학적 개혁운동으로만 생각합니다. 그러나 사실은 신학(神學)이나 의식(儀式), 혹은 제도(制度)의 개혁만이 아니라 신앙적 삶의 개혁이었고, 이 개혁은 신앙과 교회생활 전반에 영향을 끼쳤습니다. 이런 점에서 종교개혁은 교리적 개혁(Reform)이자 영적 갱신(Revival), 곧 교리적 측면과 영적 측면을 동시에 지니고 있다고 하겠습니다. 결국 종교개혁은 교회의 교리나 조직, 예배와 의식만이 아니라 서구 사회의 정치 경제 사회 문화 등 전 영역에 변화를 가져왔습니다. 소명(召命)에 대한 새로운 이해는 직업관의 변화를 가져왔고, 국가와 교회 양자 간의 관계를 새롭게 이해하게 되었고, 금욕적 독신주의에 대한 거부는 결혼과 가정생활에 대한 새로운 이해를 하게 됩니다. 이런 점에서 종교개혁은 교회역사에서 가장 이상적인 신앙운동으로 평가받고 있습니다.

교회개혁의 의의

종교개혁은 성경적인 본래의 기독교 신앙의 회복이라고 말할 수 있습니다. 우리는 보통 종교개혁의 성취를 세 가지 라틴어로 말해 왔습니다.

첫째가 *Sola Scriptura*, 곧 '오직 성경'(Scripture alone)입니다. 종교개혁자들은 외경이나 전통, 혹은 교회적 율법주의를 거부하고 오직 66권의 성경만이 신앙과 생활의 유일한 법칙이라는 점을 주장했습니다. 66권의 성경 이외의 어떤 것도 신앙과 삶의 표준이 될 수 없고,

66권의 책만이 하나님이 주신 계시의 말씀이라는 점을 의미합니다. 이런 점에서 종교개혁은 '성경의 재발견'이라고 할 수 있습니다.

둘째는 *Sola Fide*, 곧 '오직 믿음으로'(by faith alone)입니다. 우리의 구원은 우리의 행위나 공로가 아니라 오직 믿음만으로 얻게 된다는 점을 가르친 것입니다. 중세교회는 금욕, 선행, 성자숭배, 면죄부 매매 등 인간 행위나 공로를 중시했으나, 개혁자들은 인간의 어떤 행위도 구원의 빙거가 될 수 없다는 점을 가르쳤습니다. 우리를 구원하는 것은 은혜에 기초한 믿음뿐이라는 것입니다.

셋째는 *Sola Gratia*, 곧 '오직 은혜로'(by grace alone)입니다. 하나님의 불가항력적인 은혜로 말미암는 믿음으로 구원받게 된다는 점을 의미합니다. 우리의 모든 것은 오직 하나님의 은혜일뿐 우리의 자랑거리는 아무것도 없습니다. 은혜교리에 대한 바른 이해는 바울과 어거스틴을 거쳐 종교개혁자들, 특히 칼빈이 가르친 중요한 가르침입니다.

오직 성경, 오직 믿음, 오직 은혜, 이 세 가지 개혁의 정신은 구체적으로 예배의 개혁을 통해 나타납니다. 예배란 우리가 어떻게 하나님을 믿고 있느냐 하는 하나님에 대한 이해를 기초로 하고 있기 때문에 예배의 개혁은 교회개혁의 논리적인 결과입니다. 그래서 당시 교회에 내재해 있던 각종 이교적(異敎的) 풍습과 신비적 요소들과 우상과 미신을 제거하고, 우리 주님의 단번에 드린 희생을 불완전케 하는 미사제도를 폐지하며 하나님께 대한 찬양과 경배 그리고 감사로서의 예배를 확립한 것입니다.

종교개혁은 사제주의(司祭主義)에 대한 거부이기도 합니다. 중세교회나 지금의 로마 가톨릭에서 사제는 하나님과 우리 사이의 중보자입니다. 이것이 사제주의의 기본 구조입니다. 천주교는 성직자(사제)와 평신도를 엄격하고 구분하고, 평신도는 사제의 중보를 통해 하나님께로 나아갈 수 있다고 가르쳤습니다. 그러나 개혁자들은 예수 그리스도만이 우리의 중보자라는 점을 가르치고, 하나님과 우리 사이의 중보적 위치에 있는 사제를 본래의 위치로 환원하였습니다. 그래서 우리는 사제 없이도 하나님께 나아갈 수 있게 된 것입니다. 이를 만인사제직의 재발견이라고 말합니다.

종교개혁의 정신을 하나님 중심, 성경 중심, 교회 중심이라는 말로 표현하기도 합니다. '하나님 중심'(God-centered)이란 개신교 신학의 중심으로서 하나님, 곧 만물의 창조주이시며 예수 그리스도 안에서 자신을 나타내시는 하나님, 성령으로서 주가 되시는 하나님이 우리 믿음이며, 인간의 궁극적인 목적도 하나님을 알고 그를 신뢰하며 그를 영화롭게 하는 것임을 의미합니다. '하나님 중심'이라는 말을 16세기 상황에서 말한다면 인간이 중심일 수 없다는 점을 의미하고, 이를 보다 직접적으로 말하면 교황이 중심일 수 없다는 점을 의미합니다. 교황은 이 땅에서 그리스도의 대리자(vicarius Christi)로서 무소불위의 권력과 최상의 영예를 누렸고, 전권(Plenitudo Potestatis)을 행사했습니다. 중세교회는 인간 중심의 권력 기구였고, 그 정점에 교황이 자리하고 있었습니다.

이런 상황에서 하나님 중심이라는 말은, 인간이 중심일 수 없고 특히 교황이 중심일 수 없다는 점을 가르친 것입니다. 즉 개혁자들은 창조주 하나님과 피조물 인간을 엄격하게 구별하고, 인간을 특수한 위치에 두는 신학을 용납하지 않습니다. 개혁자들은 창조주 하나님이 자연과 인간과 우주의 통치자이시며, 구원은 전적으로 하나님의 주권에 있음을 강조했습니다. 이것이 하나님 중심 사상입니다.

'성경 중심'(Bible-centered)이란 오직 성경만이 신앙과 삶의 유일한 규범이란 점을 강조합니다. 종교개혁의 구호인 '오직 성경'(sola scriptura)과 동일한 가르침입니다. 성경 외의 그 어떤 것도 신앙의 표준일 수 없고 신학의 원천일 수 없다는 점을 의미합니다. 로마 가톨릭은 성경 외에도 '외경'과 소위 성전(聖傳)이라는 '전통'을 성경과 동일한 권위로 받아들입니다. 그러나 개혁자들은 '오직 66권의 성경'만을 강조하며 "성경은 성경 자신이 해석한다."(Scripturae scriptura interpretum)

는 원리를 고수합니다.

개혁자들에게 가장 중요한 관심은 하나님의 교회였고, 교회건설이었습니다. 이것이 '교회 중심'(Church-centered) 사상입니다. 개별교회는 하나님이 허락하신 지역교회를 경시하지 않습니다.

신학은 근본적으로 교회를 위한 학문이며, 교회를 섬기는 학문입니다. 로마 가톨릭은 하나님의 나라가 가견적 교회 안에서 실현된다고 하여 눈에 보이는 지상(地上) 교회와 하나님의 나라(神國)를 동일시합니다. 그러나 칼빈을 비롯한 개혁자들은 오직 선택된 자들로 구성되는 우주적인 교회, 곧 무형교회 혹은 불가견적 교회(invisible church)를 말하면서 선택받지 못한 사람도 회원이 될 수 있는 제도적인 지상의 교회, 곧 유형교회 혹은 가견적 교회(visible church)와 구분합니다. 지상의 교회는 완전할 수 없습니다. 그러나 지상교회의 불완전성을 인정하면서도 완전을 향한 추구를 경시하지 않습니다. 이것이 교회 갱신 혹은 교회개혁운동입니다. 교회중심이란 바른 교회를 건설하며 교회 중심의 신앙생활을 추구하되 교회에 주어진 사명을 완수하려고 힘쓰는 것입니다.

종교개혁의 전개

그렇다면 교회개혁운동은 어떻게 전개되었을까요? 우선 그 대강을 소개한 후에 제5장에서부터 국가별로 구체적으로 소개하려고 합니다. 종교개혁은 독일에서 루터(Martin Luther, 1483-1546)에 의해 비텐베르크를 거점으로 개혁이 전개되어 1530년에는 아우크스부르크 신앙고백서가 작성되고, 그 이후 루터파로 발전했습니다. 1546년 루터가 사망한 후에는 후계자 멜랑흐톤(Philip Melanchton)에 의해 개혁이 추진됩니다.

독일에서 루터의 개혁운동이 전개되고 있을 때, 스위스에서는 츠빙글리와 칼빈에 의해 개혁운동이 전개됩니다. 츠빙글리(U. Zwingli, 1484-1531)는 스위스의 독일어 사용 지역인 취리히(Zürich)를 중심으로 개혁을 전개하였고, 종교문제에 대한 토론을 통해 시의회의 인정을 받음으로써 개혁을 추진했습니다. 불행하게도 츠빙글리는 1531년 카펠(Cappel) 전투에서 전사하였는데 그때 그의 나이 47세였습니다. 그 후 개혁은 불링거(Heinrich Bullinger, 1504-1575) 등 후계자들에 의해 계승됩니다.

스위스에서 불어 사용 지역인 제네바(Geneva)의 개혁자는 칼빈(J.

Calvin, 1509-1564)이었습니다. 그는 루터나 츠빙글리에 비해 한 세대 후배였습니다. 칼빈은 1533년 프랑스를 떠난 후 바젤에서 일시 체류하였고, 1536년 7월부터는 제네바에서 개혁활동에 전념하였습니다. 그는 1538년 4월부터 1541년 9월까지 3년간 스트라스부르크(Strassburg)에서 보낸 기간을 제외하고는 1564년 하나님의 부름을 받을 때까지 제네바에서 활동했습니다.

루터의 개혁운동은 후일 루터파(Lutheran)로 발전하였고, 스위스에서의 개혁, 곧 츠빙글리와 칼빈의 개혁은 연합하여 개혁파(Reformed)라는 하나의 교회를 형성하게 됩니다.

독일과 스위스 외의 여러 지역에서도 개혁운동이 일어났습니다. 스코틀랜드의 경우 존 낙스(John Knox, c. 1515-1572)에 의해 개혁이 추진되어 1560년 장로교가 정착되었습니다. 영국에서는 국왕인 헨리 8세(Henry VIII, 1491-1547)가 자신의 이혼문제로 교황청과 단절하고 1534년 수장령(首長令)을 발표함으로 영국교회(the Church of England), 곧 성공회가 출발합니다.

이상에서 말한 종교개혁의 전개를 지역별로 주도적 인물을 중심으로 간단하게 정리하면 다음과 같습니다.

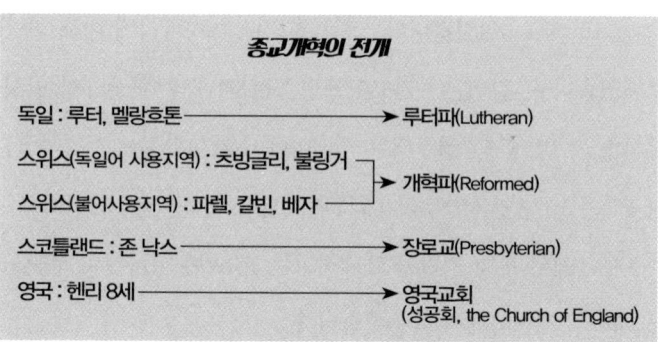

위의 개혁자들 외에도 루터파의 멜랑흐톤, 스트라스부르크의 마틴 부써(Martin Bucer), 제네바의 기욤 파렐(Guillaume Farel, 1489-1565)과 데오도 베자(Théodore Bèza) 등 여러 개혁자들이 있었습니다. 이들의 봉사와 개혁 활동을 통해 오늘 우리가 속한 프로테스탄트(Protestant) 교회가 생겨났습니다. '프로테스탄트'(Protestant)라는 말이 생겨난 때는 1529년 4월이었습니다. 1526년 여름에 모였던 스파이에르 국회(Diets of Speier)에서는 종교문제에 대한 제후 및 제국도시의 결정권을 인정함으로써 부분적으로 루터파를 인정하였습니다. 다시 말하면 '그 지역의 종교는 그 지역 통치자의 종교에 따른다.'(cujus regio, ejus religio)는 원칙에서 루터파를 지지하는 제후가 통치하는 지역에서는 루터파를 인정하였던 것입니다. 그러나 3년 후인 1529년 제2차 스파이에르 국회에서는 이를 번복하려고 하였습니다. 이때 루터를 지지하는 6명의 복음주의파 영주들과 14개 도시 제후들이 쉬말칼텐 동맹을 결성하여 황제에게 항의서를 제출했습니다. 그래서 이들을 '항의한 자들'이라고 하여 프로테스탄트(Protestant) 라고 부르게 된 것입니다. 이것이 개신교를 칭하는 용어가 된 것입니다.

제2장
종교개혁의 배경

이제 구체적으로 종교개혁이 일어난 배경에 대해 소개하겠습니다. '개혁'이라고 할 때 이 말은 무엇인가 잘못된 것이 있고 개혁되지 않으면 안 될 그 무엇이 있다는 점을 암시합니다. 지금부터 그 잘못된 것이 무엇인가에 대해 소개하려고 합니다. 교회개혁을 알기 위해서는 중세교회의 실상을 아는 것이 필요하기 때문입니다.

신학과

교리적 변질

중세교회는 신약교회로부터 이탈하여 교리적 순수성

을 상실했습니다. 590년에 처음으로 '교황'이란 이름으로 불린 그레고리 1세는 하나님의 교회가 로마의 잘못된 교리에 빠지게 했던 대표적인 인물입니다. 그는 천사나 소위 거룩한 것들의 중개자가 되었고, 연옥, 성골숭배, 이적과 기사, 이교적 미신을 도입한 인물입니다. 그래서 그는 '미신의 아버지'(pater superstitonum)라고 불리기도 합니다. 그후 교회는 사도적 교회로부터 크게 이탈하여 여러 가지 교리적 변질을 가져왔습니다. 9세기에는 성직을 돈으로 사고파는 성직매매가 유행했고, 부유한 지주나 권세자들이 교회를 좌지우지 했습니다. 먼저 교리적 탈선에 대해 지적한 후 중세교회의 도덕적 혹은 윤리적 타락에 대해 소개하고자 합니다.

교리적 변질

성경에 근거하지 않는 교리적 변질은 점진적으로 나타났습니다. 몇 가지 예를 들면 다음과 같습니다.

죽은 자(死者)를 위한 기도가 시작된 것은 330년이었고, 375년에는 성인숭배와 교회에서 마리아 상과 같은 상(像)을 사용하기 시작했습니다. 500년에는 평상복과 다른 사제복이 대두되었습니다. 2세기 이후 서서히 나타난 인간 중심의 교회 직분화는 590년 '교황' 직으로 드러났습니다. 그런가하면 593년에는 연옥교리가 제정되었고, 786년에는 유물들에 대한 경배를 인가했고, 927년에는 추기경단이 설립되었습니다. 995년부터는 사망한 이들에게 성자(聖者) 칭호를 수여하는 성인들의 시성(諡聖)이 시작되었습니다. 998년에는 금요일과 사순절 기간의 금식제도가 시작되었고, 1079년에는 미사가 점차 제사로 발전하였습니다. 사제의 독신제가 다시 강요되어 1123년 교황 칼리스투스 2세가 주관한 제1차 라테란 공의회에서 독신제는 교회법으로 선포되었습니다. 1184년에는 이단을 징벌한다는 이유로 종교재판소가 설치되어 고문기술이 개발되는 등 후일 개신교를 탄압하는 수단이 마련됩니다.

면죄부가 판매되기 시작한 것은 12세기인 1190년부터였고, 1215년에는 화체설(化體說)이 선포되었습니다. 화체설이란 성찬식 때 성찬의 떡과 잔이 예수님의 살과 피로 변한다는 주장입니다. 외형은 그대로지만, 본질은 변한다는 것입니다. 1215년부터 신부들에게 죄를 고백하는 고해(告解)가 제정되었고, 1229년부터 평신도들의 성경 소유가 금지됩니다. 1439년에는 연옥교리가 공식적으로 선포되었고, 7성례 교리가 확정된 때는 1439년이었습니다. '전통'(傳統)이 성경과 동등한 권위를 갖는다는 점이 1545년 공식적으로 가결되었습니다. 1854년에는 마리아의 무죄잉태설이 선포되었고, 1964년에는 교황의 무오성 선포되었습니다. 1950년에가 마리아는 승천했다고 주장하는 마리아 승천설을 결의했습니다. 이처럼 로마 가톨릭은 성경적 근거가 없는 여러 교리들을 교회 회의를 통해 결정하고, 이를 성경과 동일한 권위로 받아들이고 있습니다. 이상과 같은 변질 외에도 주요 교리의 문제점은 다음과 같습니다.

성경관

중세교회는 성경관부터 옳지 못했습니다. 현재의 로마 가톨릭교회도 마찬가지입니다. 이들은 66권의 성경 외에도 외경(外經), 곧 토비트서, 유딧서, 에스델서, 지혜서, 집회서, 마카베오상, 하권 등을 성경과 동일한 권위 있는 책으로 받아들이고 있습니다. 우리는 이런 책들을 정경(正經) 이외의 책이라 하여 '외경'이라고 부르지만, 로마 가톨릭은 이들 7권을 '제2의 경전'이라고 부릅니다. 이들은 외경뿐만 아니라 '전통'(傳統)을 성경과 동일한 권위로 받아들입니다. 여기서 전통이란 "전통 있는 학교다."라고 말할 때의 그런 의미가 아닙니다. 천주교가 말하는 전통이란 교황이 공식적으로 선언한 문서나 교회 회의의 결정 사항, 교회가 관습적으로 행해오던 관례나 관행, 행동규범, 종교적 체험, 경신(敬神)의식, 그리고 공의회의 문헌 등을 포함합니다. 이런 것들을 천주교는 성전(聖傳)이라고 부르는데, 성경과 동일한 권위를 지닌다고 말합니다. 심지어 성경의 불분명한 부분은 전통의 빛으로 해석될 수 있다고 하여, 어떤 점에서는 전통을 66권의 정경보다 우선시 합니다.

이런 것들은 오류가 없는 무오한 계시가 아니며 또한 신적 권위를 지니지 못한 것입니다. 따라서 신학의 원천일 수 없고 신앙과 생활의 표준일 수 없습니다. 그럼에도 불구하고 로마 가톨릭은 '전통'이야말로 '구전으로 내려오는 것으로서 성경의 원천이며, 성경에 기록되지 않는 것을 더욱 확실히 밝혀 주는 것'이라고 믿고 있습니다. 개혁자들이 '오직 성경'(sola scriptura)이라고 말했을 때, 이 말은 이런 잘못된 성경관에 대한 거부였습니다. 즉 66권의 성경 외에는 외경도 전통도 하나님의 영감된 말씀일 수 없다는 점을 의미합니다.

구원관

중세교회의 구원관 또한 성경의 가르침으로부터 크게 이탈했습니다. 어느 종교나 종파든 구원관이 어떠한가를 보면 그 종교나 종파의 성격을 알 수 있습니다. 그런데 로마 가톨릭은, 구원은 하나님의 은혜만으로는 부족하다고 주장합니다. 그래서 인간의 행위를 중시합니다. 이 인간의 행위를 공로(功勞), 공덕(功德) 혹은 공적(功績)이라고 말합니다. 이처럼 하나님의 은혜와 인간의 공로가 더하여 구원을 이룬다는 주장을 '신인협동설'(神人協同說)이라고 합니다. 그래서 이들은 오직 믿음으로 구원받는다는 성경의 가르침을 받아들이지 않고, 인간의 공로를 강조하여 금욕이나 마리아와 성자(聖者) 숭배, 선행(善行) 등도 구원의 빙거가 될 수 있다고 말합니다. 로마 가톨릭은 특정한 일부의 사람들에게만 '성인'(聖人) 혹은 '성자'(聖者)라는 칭호를 수여하는데,* 마리아나 성자는 자기를 구원하고도 남을 만큼의 공덕을 쌓았기 때문에 우리가 그 성자를 숭배하면 그가 쌓은 공로가 나의 공로가 될 수 있다고 보는 것입니다. 마치 아버지가 예금해 둔 은행의 돈을 그 아들이 이용할 수 있다는 주장과 비슷합니다. 이를 '잉여공로설'(excess merit)이라고 말합니다. 그래서 성자의 날을 정해 두고 마리아와 성자를 숭배합니다.

선행은 구원받는 사람의 마땅한 실천이지만 로마가톨릭은 선행을 구원의 조건으로 가르칩니다. 우리에게 있어서 선행은 구원받은 사람의 감사의 표시일 뿐입니다. 그러나 천주교는 선행을 구원의 조건으로 강조한다는 점에서 차이가 있습니다.

토마스 아퀴나스로 대표되는 중세신학에서는 선행이 구원의 외적 표일 수 있다는 소위 '실천적 삼단논법'(practical syllogism)을 말합니다. '삼단논법'이란 세 개의 판단으로부터 결론을 도출해내는 논리

---

* 교황에 의해 시성된 첫 성인은 아우크스브르크의 주교였던 성 울다리코였는데, 993년 교황 요한 15세에 의해 시성되었다.

학의 도식 가운데 하나입니다. 예를 들면, ① 모든 사람은 죽는다. ② 소크라테스는 사람이다. ③ 그러므로 소크라테스도 죽는다는 논법입니다. '실천적 삼단논법'은 '믿음의 삼단논법'을 의미하는데, 이 것은 본래 로마 가톨릭에서 행위로 말미암는 구원을 지탱하는 논법이었습니다. 즉 선행을 통해 믿음과 구원이 보장된다는 논리입니다. 그러나 개신교회는 선행이 구원받는 것에 대한 감사의 표시일 뿐이라고 가르칩니다.

면죄부의 판매는 잘못된 구원관을 보여주는 보다 현실적인 문제였습니다. 면죄부는 16세기에 비로소 시작된 것이 아니라 이미 11세기부터 있어 왔습니다. 그런데 16세기 당시는 그보다 공개적이었고 더욱 심각했습니다. 그 동기부터 반 성경적이었습니다. 당시 교황 레오 10세는 호헨졸레른의 알베르트(Albert of Hohenzollern)에게 마인츠(Mainz) 교구의 대주교직을 제안하면서 1,200두카트를 상납할 것을 요구했습니다. 알베르트는 이미 브란덴베르크와 마그데부르크 대주교직을 차지하고 있었습니다. 그런데도 마인츠까지 차지하고 싶었습니다. 그 자리를 차지해야 선제후(imperial elector), 곧 황제 선거권자의 자격과 신성로마제국의 서기직을 차지할 수 있기 때문입니다. 그는 독일에서 성직겸직에 있어서 가장 악명 높은 인물이었습니다. 알베르크는 1,200두카트는 과도하다며 700두카트를 제시했습니다. 두 사람 간의 줄다리기 끝에 1,000두카트로 합의를 보고, 교황은 엘베르트가 자기 교구에서 향후 8년간 면죄부를 판매할 수 있도록 허용합니다. 그 대가로 수입금의 절반은 엘베르트가 차지하고 나머지 절반은 성베드로 성당 건축 경비로 지불한다는 묵계였습니다. 그래서 면죄부가 발행되었고, 루터가 활동하던 작센지역에서는 언변이 뛰어난 존 테첼의 주도하에 공공연하게 판매되고 있었던 것입니다. 개혁자들이 '오직 믿음'이라고 말했을 때 이 말은 로마교의 구원관에 대한 거부였고, 면죄부를 비롯한 인간 행위, 곧 공로사상의 거부를 의미합니다.

성례관(Sacramenental church)

중세교회의 성례관 또한 성경의 가르침으로부터 크게 이탈했습니다. 성례(聖禮)란 이름 그대로 교회가 시행하는 거룩한 예식입니다. 로마 가톨릭에 있어서 성례는 교회나 성경만큼 중요합니다. 이들에 의하면 신자의 삶은 성례(聖禮)의 시행을 통해 시작되고 성례를 통해 종료됩니다. 중세기를 거쳐 성례의 수에 대해서는 공식적인 견해가 없었습니다. 12세기의 성 빅토르의 휴(Hugh of St. Victor)는 40종의 성례를 말한 바 있으나, 12세기 피터 롬바르트(Peter Lombard)는 7가지 성례를 말하였습니다. 롬바르트의 견해가 로마교의 전통이 되었고, 7성례를 공식적으로 결의한 것은 1439년의 프로렌스 회의(Council of Florence) 때였습니다.

성례는 3가지 성격을 지니는데, ① 은혜를 수여하고, ② 이 은혜는 자동적으로 주어지며(ex opere operato), ③ 성례 참여의 금지는 출교(黜敎)를 의미했습니다. 7성례는 반복될 수 없는 다섯 가지와 반복되는 두 가지로 구성됩니다.

반복될 수 없는 성례로는

1. 교회에 등록한 후 일정기간의 교리공부 후 받는 세례성사(Baptism)

2. 세례 후에 성숙한 신자가 되도록 성령의 은혜를 받는 견진성사(堅振, confirmation)

3. 가정을 이루는 결혼예식인 혼인성사(婚姻, Martrimony)

4. 환자에게 위로와 치유를 주는 병자성사(病者, Anointing of the sick) (제2차 바티칸공의회 이후 반복될 수 있는 성례로 간주되었다.)

5. 성직을 수여하는 성품성사(聖品, Holy orders) 등이며,

반복될 수 있는 성례로는

6. 죄의 사함을 받는 고해성사(告解, Penance)

7. 그리스도의 몸과 피를 나누는 성체성사(聖體, Lord's supper)가 있습니다. (화체설은 1215년 공식교리가 되었고, 1300년부터는

교인들에게 오직 떡만 분배되었다.)

개혁자들은 이런 성례관을 거부하고 오직 예수님께서 제정하신 세례와 성찬만을 성례로 간주했습니다. 성도들에게 떡을 분배하되 잔을 돌리지 않는 중세교회의 잘못된 성례관을 거부했던 것입니다.

교회 계급제도

중세교회는 그 외에도 예배관, 교회관 등이 성경의 가르침과 다르며 심각한 문제를 지니고 있었습니다. 특히 천주교의 교계제도(敎階制度)라고 불리는 교회의 계급 구조는 인간 중심의 구조로 되어 있습니다. 교황은 절대 권위를 지닌 종신직이며, 교황청의 기구는 국무성성, 교회공무평의회, 9개 성성(聖省), 5개 비서국, 6개 사무국, 3개의 법원으로 구성되어 있습니다. 교황은 독립주권을 가진 시국(市國)으로서 각 나라와 사절을 교환하고 있습니다. 우리나라에도 교황청 대사가 와 있다는 점을 아는 이들이 많지 않습니다. 바티칸이라고 불리는 교황청은 1929년 독립국으로 승인되었는데, 면적은 0.44Km에 지나지 않고 상주인구도 1500명 정도입니다. 교황 휘하에는 교황 선출기구이며 교황 자문기구인 추기경(Cardinal)이 있습니다. 1586년 70명으로 제한되었으나 현제는 교황 선출권이 없는 추기경 107명을 포함하여 전체 추기경 수는 228명에 달합니다. 추기경은 교황에 의해 임명되며, 추기경 휘하에는 각국 주교단-대교구-교구-지구-본당(성당)으로 구성되는 주교단(Bishops)이 있습니다. 교회는 그리스도의 모범을 따라 섬기는 공동체이지만 천주교는 인간 중심의 계급구조로 변질시켰습니다.

도덕과 윤리적 타락

중세교회는 교리적인 변질만이 아니라 도덕적으로나 윤리적으로도 타락하여 세인의 비난을 받았습니다. 중세교회가 타락했다는 말은 성직자들이 타락했다는 뜻입니다. 세속화 혹은 타락이라고 할 때, 이것은 3가지와 관련되어 있습니다. 곧 돈(물질), 권력, 그리고 명예입니다. 인간의 욕망은 어디든 마찬가지입니다. 돈과 권력과 명예라는 세상 욕심을 탐할 때 영성을 잃게 되고 타락하게 됩니다. 중세교회가 돈과 성(性)을 사랑한 것이 모든 악의 시작이었습니다. 이것이 교회를 변질시켰던 것입니다. 이 점에 대해 다음 장에서 간략하게 소개하겠습니다.

교황청의 부패

중세 기독교는 하나의 거대한 권력 기구였습니다. 700여 개의 교구를 거느린 이 기구의 수장 교황은 막대한 권력과 부를 누렸습니다. 교황청은 그 자체가 음모와 모반의 온상이었습니다. 예컨대, 10세기의 교황 요한 12세(John XII, 955–963)는 "부패한 인간이 범할 수 있는 모든 죄를 범했다"고 로마회의(Roman Synod)의 공격을 받았을 정도였습니다. 그는 술을 너무 많이 마셔 건강을 해쳤고, 이방 신들을 부르고 주사위를 던지면서 귀신을 부르기도 했을 정도로 반기독교적이었습니다. 그 회의에 참석한 이들은 교황 요한 12세를 '죄악으로 가득찬 괴물'이라고 간주했을 정도였습니다.

14세기의 교황 요한 22세(John XXII, 1316–34)는 '금전 갈취의 천재'로 불렸습니다. 그는 각종 징세제도를 창안하여 돈을 모았고, 성직을 매매하고 면죄부를 발행했던 인물입니다. 또한 청빈의 이상을 단죄하는 여러 교서를 발표하였고, 가난이란 돈과 물질의 문제가 아니라 영적인 의미라고 해석하면서 부를 축척했습니다. 종교개혁 직전의 교황 알렉산더 6세(1492–1503)는 교회의 관행과 규율을 무시하고 방종한 삶을 살았던 악명 높은 교황이었습니다. 그의 재임시 도덕과 윤리는 최저의 수준으로 하락했습니다. 그는 교황이 되기 전부터 사생활이 극도로 문란하여 교황 비우스 2세(1458–64)로부터

엄한 문책을 받았을 정도였습니다. 그는 돈으로 추기경들을 매수하여 교황이 되었습니다. 게다가 17세의 아들 세사레를 발렌시아 대주교로 임명하고, 15살에 불과한 둘째 아들 후안을 추기경으로 임명할 정도의 족벌주의로 교회의 질서를 극도로 문란시켰습니다.

교황 니콜라스 5세(1447-1455)에서부터 칼리스투스 3세(Callistus, 1455-1458), 비우스 2세(Pius 1458-1464), 바오로 2세(Paulus, 1464-1471), 식투스 4세(Sixtus, 1471-1484), 이노센티우스 8세(Innocentius, 1484-1492), 알렉산더 6세(Alexander, 1492-1503), 비우스 3세(Pius, 1503. 9. 22-10. 18), 율리우스 2세(Julius, 1503-1513), 레오 10세(Leo, 1513-1521)에 이르는 소위 르네상스기 교황들은 절반 이상이 사생아를 두었으며, 사치하고 방종한 생활을 하여 세인의 지탄을 받았습니다. 이들은 교회의 지도자가 아니라 불의한 세속 군주였습니다.

교황청의 수입원은 크게 두 가지였습니다. 교황이 직접 통치하는 영지(領地)에서의 수입과 다른 하나는 기독교 제국에 속한 모든 나라에서 소위 영적인 봉사에 대한 대가로 교황이 걷어들이는 세금입니다. 그 외에도 광산 개발권과 같은 수입원의 확보, 면죄부의 판매, 성직 매매 등을 통해 돈을 벌었습니다. 성직자들은 개인적으로 치부하기 위해 여러 직책을 맡고 녹(祿)을 독점했습니다. 이를 뒷받침 해 주는 제도가 '겸직제도'(Pluralism)와 '부재직임재도'(不在職任制度,

absenteeism)였습니다. 한 사람이 동시에 두 장소에 있을 수 없기 때문에 이를 합법화한 제도였습니다. 제도 자체가 불의했음을 알 수 있습니다. 16세기 당시 교회는 하나의 거대한 권력기구였고, 이 기구의 우두머리인 교황은 막대한 권력과 부를 누렸던 것입니다. 이런 점에서 교황청은 그 자체가 계략과 음모와 모반의 온상이었다고 할 수 있습니다.

감독과 신부들

대부분의 감독들은 무능하고 세상 욕망에 물들은 이들이었습니다. 따라서 세인의 엄청난 비난을 받고 있었습니다. 많은 감독들과 성직자들은 무지했으며, 글자를 알지 못했습니다. 특히 그들은 성직자로서의 훈련을 받지 못했습니다. 극소수의 성직자답게 선하고 영적인 성직자들은 민중들로부터 칭찬을 받았습니다.

감독들의 경제적인 남용과 오용에 대해 원성이 높았습니다. 화려한 주택에 살면서 사냥을 즐기고, 여러 종류의 오락과 흥행에 빠져 돈을 탕진했습니다. 한편 그들은 감독직을 유지하기 위해 교황청에 상납금을 보냈고, 이를 위해 감독직을 저당잡히기까지 했습니다. 성직 임명권이 공공연하게 매매되었고, 그들은 교만하고 이기적이며, 고집스럽고 완고하며 방탕했습니다.

성직자들에 의해 부과되는 십일조 등 경제적인 요구는 농민들에게 큰 부담이었습니다. 십일조는 큰 십일조와 작은 십일조의 두 종류가 있었습니다. 명목을 달리하는 곡물이 십일조라는 이름으로 강탈당했고 금전적으로도 헌금이 강요되었습니다. 억압적인 성격을 띤 십일조에 대한 불평은 13세기부터 나타납니다. 14세기경 유럽의 특권층 성직자들은 왕들, 귀족들 그리고 자유시민과 함께 유럽의 통치권을 공유했고, 사회 경제적인 기관들에 과도한 영향력을 행사하였습니다.

귀족들과 마찬가지로 성직에도 두 계급이 있었습니다. 첫째는 총감독, 감독, 수도원장과 같은 고위 성직자들이고, 둘째는 평민 출신의 보통 사제들이었습니다. 이 두 계급은 수도승과 수녀들로 구성된 수도회 성직자(regular clergy)와 세속 성직자(secular clergy)로 구분되었습니다. 성직자들이 왕자나 귀족들의 왕실 고문이나 상담역을 담당했던 것을 감안한다면 이들은 당시 문화와 교육에 상당한 영향을 미쳤다고 할 수 있습니다. 상급 성직자이든 하급 성직자이든 유럽의 중세 기독교 사회의 중추역할을 한 성직자들이 중세 교회의 몰락을 가져온 장본인들이었습니다.

도덕적, 윤리적 부패

중세교회 성직자들의 도덕적, 윤리적 타락은 심각했습니다. 오래된 성당을 헐고 새롭게 건축을 할 때 성당 마루 밑에서 발굴되던 영아의 유골들은 당시 성직자들이나 수녀, 수도사들의 도덕상을 보여줍니다. 유명한 인문주의자 에라스무스(Erasmus, 1466-1536)가 네델란드 하우다(Gouda)의 성당 신부와 가정부 사이에서 출생한 신부의 사생아였음은 잘 알려진 사실입니다. 그뿐만이 아닙니다. 독일의 개혁자 레오 쥬드(Leo Jud), 재세례파의 지도자 펠릭스 만츠(Felix Mans) 등도 신부의 사생아였고, 레오날드 다 빈치(Leonardo da Vinci, 1452-1519)는 프로렌스의 공증인의 사생아였습니다.

1447-1517년 어간의 교황들은 절반이 사생아를 두었다는 기록이 있습니다. 15세기 말 콘스탄츠 교구의 경우 매년 약 1,500명의 사제들의 사생아가 태어났다고 합니다. 그러나 당시 교회는 이런 비행에 대해 아이를 위한 육아 비용과 취첩 벌금(concubinage fee)을 물게 함으로써 이들의 비행을 묵과하였습니다. 당시 사생아들을 모아 교구별로 양육하는 시설이 있었을 정도였습니다. 베네치아 성당의 경우 감독이나 신부의 사생아들이 양육되던 숙소가 현재까지도 남아있어서 관광객들의 중요 방문지가 되었습니다. 이들은 숙소와 성당을 오가며 지내도록 했고, 외부인과의 접촉을 금지시켜 감옥 아

닌 감옥생활을 하게 했다고 합니다. 성직자들도 성적 타락에 대한 양심의 가책을 거부하지 못했기 때문일 것입니다.

스코틀랜드에 많은 성(姓)인 맥타가르트(MaTaggart)는 '사제의 아들'(son of the priest)이란 뜻에서, 맥냅(MacNabb)이라는 성은 '수도원장의 아들'(son of the abbot)이란 뜻에서 기원했습니다. 수도원에는 동성애자들이 있었고, 성직자들은 파티를 열고 춤의 향락에 빠져 있었습니다. 사람들은 수도원장들을 향해 개와 여자 없이는 즐거운 인생살이를 못하는 자들이라고 비난하기까지 했습니다. 어떤 성직자들은 자신을 제2의 솔로몬이라고 하였는데, 여러 첩을 가졌기 때문이었습니다. 성직자들 중 매독으로 병들어 죽는 자도 있었다고 합니다.

독일의 모든 도시에는 여성의 집(Frauenhausen)이라는 환락가 있었으며 여성들의 주된 고객은 군인과 귀족들 그리고 성직자들이었습니다. 성적 타락이 심각했으므로 1378년 황제 찰스 4세는 프린스의 베니스(Venice of prince)라고 불리는 소문난 집을 황제의 명으로 폐쇄해야 할 정도였다고 합니다.

수도원의 부패도 예외는 아니었습니다. 중세 말기에 소위 '사제여성'(Preist-girl)이 있었는데, 수도원은 이런 여자들을 유치하였습니다. 1455년과 1466년 독일 레겐스부르크에서는 수도승들의 이러한 죄악과 스캔들이 심화되어 고발당하기도 했습니다. 어떤 이는 1477년 그의 아들에게 보낸 편지에서 "수도원의 야밤 댄스와 향연이 일반 사회의 것보다 더 야하다."고 썼을 정도였습니다. 1472년 노드링겐(Nordlingen)의 시의회는 사제들이 수녀들과 밤샘하는 것을 금지시켰습니다. 어떤 탁발 수도사들도 나쁜 평판을 갖고 염문을 뿌리고 다녀 스트라스부르에서는 시의회가 이런 문제를 심각하게 취급했다고 합니다.

1487년 바젤에서는 성직자의 풍기문제를 교회법으로는 도무지 해결할 수 없음을 인식하고 세속법으로 주관하도록 했습니다. 중세기에 합법적인 사창행위는 아내와 딸들을 보호하고 사회의 부도덕을 방지하기 위해 공적으로 필요한 것으로 인식하였을 정도였습니다. 모든 독일의 마을에는 공창을 위한 시설들이 존재하였는데, 그 집들은 때로 종교적인 이름을 띠기도 했습니다. 예컨대 '대수도원의 집'(Home of the Great Abbey), '수녀원'(The Abbesses), '신의 외투의 집'(The House of the Cloak of God)이라고 불렸습니다. 이런 상황에서 나온 유명한 경구가 "성직자의 삶은 평신도의 복음이다"(Vita clerici est evangelium laice)라는 말이었습니다.

성직자들의 빈부 격차

성직자들 간의 빈부격차는 어느 사회에나 존재하지만, 성직자의 수가 증가하면 성직자들의 혜택은 점차 감소할 수밖에 없습니다. 1500년 경 통계에 의하면 어떤 도시에는 3만 명의 시민 중에 1천 명의 성직자가 있었고, 그들은 저급한 사회적인 환경과 경제적인 빈곤으로 고통받고 있었다고 합니다. 독일 쾰른 지방에만 무려 5천 명의 사제들과 수도사들이 있었습니다. 전 독일의 수도사들과 수녀들의 숫자는 무려 150만 명에 달했는데, 어떤 지역은 인구 30명당 1명의 성직자가 있었다고 합니다. 이렇게 되자 일부 성직자들의 겸직현상이 나타나, 고위 성직자들은 3, 4개의 직분을 갖게 되었습니다. 그런가 하면 다른 성직자들은 상대적으로 교구에서 배제되었고, 결국 성직자들 간의 경제적인 불균형이 심화되었습니다. 그래서 어떤 성직자들은 어마어마한 부를 향유하고 사치와 방종을 일삼았으나, 다른 한편의 성직자들은 극한 빈곤으로 생계 유지를 위해 동물을 키우거나 우유나 버터를 배달해야만 했다고 합니다.

반성과 평가

이상에서 보는 바처럼 중세 말기 성직자들은 성적으로 타락하였고, 탐욕과 물질만능주의가 팽배하여 세속화 현상이 두드러졌습니다. 또 교권주의가 심화되어 성직자들 간의 계급화 혹은 계층화가 이루어져 빈부 격차가 심각했습니다. 이런 점을 보면 중세교회가 부패할 수밖에 없었던 요인이 드러납니다. 따지고 보면 성직자들의 3가지 욕망이 성직자를 타락하게 하고 교회를 세속화시켰습니다.

첫째는 성직자들의 권력에 대한 야망입니다. 이 부질없는 욕망이 교회 구조를 계급화하고 변질시켰던 것입니다. 둘째, 물질에 대한 탐욕이 교회를 부패하게 만들었습니다. 돈을 사랑함이 부패의 뿌리였습니다. 셋째, 명예에 대한 욕망이 영성을 파괴하고 교회를 부패로 이끌어 갔습니다. 돈, 권력, 명예에 대한 욕망이 개인과 집단을 부패로 이끌어 간 것입니다. 결국 중세 기독교는 종교권력으로 전락했고 성직자는 세욕을 구하는 거룩한 위선자로 변신했습니다. 이런 점을 고려해 볼 때 교회 지도자들이 권력욕, 물욕, 명예욕으로부터 자유할 수 있다면 교회는 정화될 수 있을 것입니다.

중세교회의 부패는 근원적으로 두 가지 원인, 즉 성직교육의 부재와 무분별한 성직자 배출로 압축됩니다. 중세사회에는 성직자의 수가 과다했고, 이들은 훈련받지 못한 집단이었습니다. 바로 이 점이 한 시대의 교회를 혼란과 무질서, 그리고 세속의 바다로 인도해 갔던 원인이었습니다. 개혁자들이 그 당시 교육받은 엘리트였다는 사실은 이 점을 암시합니다. 1517년 당시 독일의 문맹률은 90%에 달했고, 라틴어를 읽을 수 있는 인구는 0.5%도 못 됐습니다. 그럼에도 불구하고 루터의 95개 조는 루터 자신의 말처럼 "천사가 사자(使者)가 된 것처럼" 급속히 전파되었습니다. 교회개혁의 열망이 그만큼 간절했기 때문이었습니다.

또 다른 원인들

앞에서 언급한 바처럼 교리적 변질과 교회 지도자들의 타락이 종교개혁의 직접적인 원인이었지만, 그 외에도 여러 가지 복합적인 요인이 작용했습니다.

시대적 상황도 변화를 불가피하게 했습니다. 콜럼부스는 1492년 10월 12일, 신대륙을 발견함으로써 유럽 중심의 세계질서에 충격을 주었고, 바스코 다 가마(Vasco da Gama)는 아프리카 대륙을 돌아 인도양으로 와서 1498년 인도와 중국을 발견하였습니다. 이러한 지리상의 발견은 세계관의 변화를 주기에 충분했습니다. 그런가 하면 폴란드인으로서 교회법학자이자 의사였던 코페르니쿠스(Copernicus)의 지동설(地動說)은 천동설 중심의 우주관에 매여 있던 중세의 마당에 떨어진 폭탄이었습니다. 니콜라우스 카자누스(Nikolaus Casanus, 1401-1464) 같은 학자들의 사상도 새로운 시대를 예비하고 있었습니다. 말하자면 항해술의 발달로 인한 신대륙의 발견, 인쇄술과 같은 기술발달, 사회 중산층의 대두, 인문주의와 새로운 학문운동은 '중세'라고 불리는 장구한 교황 중심의 질서를 퇴각시키는 역사의 동력이 되었다고 할 수 있습니다.

이렇게 볼 때 종교개혁은 하나님의 뜻이었습니다. 마치 "때가 차매"(갈 4:4) 그 아들을 보내셨던 것처럼 교회개혁의 때가 충만했을 때 하나님은 루터를 비롯한 여러 개혁자들을 역사의 한복판으로 불러내신 것입니다. 루터의 '95개 조'가 한 달이 못되어 유럽의 도시로 전파되었고, 루터의 의도와는 달리 거대한 변혁사건으로 발전합니다. 역사는 우리가 의도하지 않는 결과(unintended consequence)를 가져오기도 합니다. 종교개혁이 그러했습니다. 종교개혁은 그 시대적 요청이었습니다. 그래서 헤겔은 "루터는 오지 않으면 안 되었다."(Luther musste kommen)라고 말한 바 있습니다.

민족주의의나 국가주의도 종교개혁에 영향을 주었습니다. 중세는 하나의 국제적인 국가였다고 할 수 있습니다. 교회를 떠나서는 국가라는 것을 상상할 수 없었습니다. 교회가 하나의 국가로서의 기능을 행사하고 있었기 때문입니다. 그런데 14세기 무렵부터 민족

국가(nation state)들이 교황청과 제국 하에서 이룩된 서부 유럽의 통합을 위협하기 시작하였습니다. 특히 민족주의의 대두는 중세의 보편적 교회중심 체계에 균열을 가져옵니다. 특히 중세 말기에 이르러 국가에 대한 근대적 개념이 대두되면서 영국, 프랑스, 에스파니아 등 서유럽 국가들은 인종, 언어, 역사, 문화를 공유하는 민족적 연대감을 기초로 왕권의 확립을 가져왔고 이러한 양상은 민족주의의 대두를 촉진시켜 주었습니다. 이러한 민족주의는 왕권과 교황권의 대립과 갈등을 초래합니다. 이 점을 보여주는 분명한 사례가 프랑스 왕 필립 4세(Philip IV)와 교황 보니페이스 8세(Boniface VIII)의 대립이었습니다. 이런 경향은 심화되어 제왕들이 교황에게 도전하였고, 한 때 교황은 프랑스 왕의 지배를 받기도 합니다. 교황청이 양분되어 분열을 겪으면서 권위가 크게 실추합니다. 민족주의의 발흥이라는 정치 환경이 교황권의 퇴보와 중세 질서의 붕괴, 곧 종교개혁의 한 원인을 제공했던 것입니다.

르네상스 운동, 혹은 인문주의 운동 또한 종교개혁의 배경이 됩니다. 르네상스라고 부르는 새로운 문화운동은 1350년 북부 이탈리아에서 시작되어 15-16세기 영국, 에스파니아, 헝가리, 폴란드, 네덜란드 등 유럽 전역으로 확산되었습니다. 인문주의는 중세적 인간관과는 달리 인간성을 고양하는 새로운 인간관을 내세웠다는 점에서 인본주의라고도 불립니다. 이런 점에서 독일의 불크하르트는 르네상스를 '인간의 발견'(discovery of man)이라고 불렀습니다. 우리는 이때의 르네상스 운동을 다른 인문주의와 구별하기 위해 '르네상스 인문주의'(Renaissanse Humanism)라고 부릅니다.

    르네상스 운동은 그리스 로마문화에도 깊은 관심을 드러냅니다. 이런 관심은 그리스어와 라틴어 등 고전어 연구를 촉진시켰고, 성경원전에 대한 연구와 함께 문헌학(Philology)을 발전시킵니다. 그래서 종교개혁에 영향을 주게 된 것입니다. 대표적인 인물이 로렌조 발라(Lorenzo Valla, 1407-1457)입니다. 그는 문헌비평학을 도입하여 '콘스탄틴 기증서(Donation of Constantine)'가 콘스탄틴 황제 때 생산된 문서가 아니라 8세기에 조작된 위조 문서임을 밝혀냅니다. 이런 고증이 교회의 도덕성에 치명타를 가합니다. 말하자면 르네상스 인문주의자들은 모든 것을 '역사적으로' 파악해야 한다는 점을 일깨워 주었던 것입니다. 이 원천으로의 복귀(back to the Source)를 의미하는 'ad fontes'는 모든 문제는 근원인 성경으로 돌아가야 한다는 점을 일깨워주었습니다. 'ad fontes'는 한자문화권의 용어를 빌린다면 '음수사원'(飮水思源, 물을 마실 때는 그 물의 근원을 생각하라)에 해당하는 것으로 원천 곧 성경 원전에 대한 관심을 환기시켜 준 것입니다. 인문주의 운동은 종교운동이 아니었으나 결과적으로 종교개혁에 영향을 준 것입니다.

    종교개혁의 주된 원인은 아니지만 당시의 사회 경제적 상황도 종교개혁에 영향을 주었습니다. 12-13세기부터 발달하기 시작한 상업과 도시의 발전은 자본주의의 발전을 가져왔고, 15세기 말엽에는 부르조아 집단이 새로운 지배계급으로 부상합니다. 또 교회는 기존의 계급 체제 및 행정 체제를 유지하기 위해 자본주의적 수단을 사용합니다. 1500년대의 유럽 인구는 6천 5백만 내지 8천만 명으로 추산됩니다. 그 가운데 약 60명 이상의 왕들과 귀족들, 대주교 고위성직자들이 지배계급으로 권력과 부를 독점하고 있었고, 농민과 노동자들은 매우 빈곤한 상태에 있었습니다. 티르나겔(T. S. Tjernagel)에 의하면 15세기 말엽에는 적어도 85% 이상의 인구가 피지배계급으로 심각한 경제적 빈곤 가운데 있었다고 합니다. 스피츠(L. W. Spiz)에 의하면 당시 유럽 토지의 3분의 1은 교회의 소유이거나 교회의 통제 아래 있었다고 합니다. 농민들은 자신들의 생산물 중에 70-80%를 지대와 세금, 헌금 등으로 영주나 교회에 바쳐야 했으므로 농민들의 생활은 비참할 지경이었습니다.

    이와 같은 농민들의 생활상은 1524년에 폭발된 농민전쟁 때 루터에게 제출한 12개 신조(1525)에 드러나 있습니다. 루터는 소유(富)는 분배되어야 한다고 주장하고, 가난한 이웃을 위해 분배되지 않은 재물은 '소유의 본질'(nature of possession)을 상실한 것이라고 설교했습니다. 그러나 악덕 자본가들의 고리대금업은 그치지 않았고, 교회 또한 탐욕의 화신이 되어 배금사상에 젖어 있었습니다. 이런 상황에서 설교가 존 게일러 폰 카이저스베르그(Johannes Geiler von Kaysersburg, 1445-1510)는 "성직자들은 영혼을 낚는 어부 대신 영지를 낚는 어부로 전락했다."고 비판한 것입니다. 결국 농민들과 노동자 등 일반 대중은 사회적 변혁을 요구하고 있었고, 이 요구는 종교개혁의 확산에 기여하게 된 것입니다. 종교개혁이 독일의 남부 지역보다 더 후진적이고 가난했던 독일 북부 지역에서 더욱 호응을 받았던 점은 사회, 경제적 요인이 작용했기 때문이었습니다.

이상에서 말한 요인보다 더 큰 원인은 유럽 전역에 범람하는 물처럼 흘러 들어간 영적인 갈망이었습니다. 개혁을 이끌어간 다양한 요인이 있었지만, 영적인 갈망만큼 강렬한 동력이 되지는 못합니다. 냉랭한 스콜라적 체계의 형식주의에서는 영적인 만족을 얻지 못했습니다. 영혼의 안식을 향한 애절한 요구가 개혁을 가능하게 한 힘이었습니다.

14세기 이후 중세는 여러 가지 사회적 불안이 가중되고 있었습니다. 거듭되는 기근, 흑사병의 창궐, 1453년 종료된 영국과 프랑스 간의 100년 전쟁, 후스 전쟁(1419-1435)과 장미 전쟁(1455-1485),

콘스탄티노플의 함락(1453)과 회교도들의 위협 등과 같은 정치적 불안은 경제적 빈곤과 함께 사회 불안을 더해 주고 있었습니다. 그러나 기존의 교회는 도덕적, 영적 영향력을 상실하고 있었습니다. 이런 현실에서 세속화된 교권 체계나 의식주의적 종교는 영적 기갈을 해결해 주지 못했습니다. 진정한 의미의 영적 만족을 주지 못했던 당시 교회는 성자숭배, 성자들의 유품 숭배, 성지 순례 등 미신적이고 '마술적인 경건'(Magical piety)을 제시했으나, 영적 기갈에 대한 해결책이 되지 못했습니다. 프랑스의 교회사가 델루메오(Delumeiax)의 말처럼 성직자의 수는 많았으나 영적 안식을 제공하기에는 역부족이었습니다.

이런 상황에서 새롭고도 참된 종교적 부흥에 대한 기대는 범람하는 강물처럼 유럽의 대지로 확산되었습니다. 이것이 종교개혁을 지원하고 확산하는 원천이 된 것입니다. 다시 말하면 유럽의 들판에 영적 가뭄으로 기갈이 심화되고 있을 때 종교개혁이라는 복음주의 신앙은 유럽의 대지를 적셔갈 수 있었던 것입니다. 따지고 보면 이 모든 현실은 교회개혁을 이루어 가시는 '하나님의 때'였습니다.

제3장
종교개혁 이전의 중세 개혁자들

16세기 종교개혁 이전 중세 하에서 전개된 교회개혁 시도에 대해 소개하려고 합니다. 비록 종교개혁은 16세기에 일어났지만 중세 하에서도 하나님의 말씀에 충실한 이들이 있었고, 교회를 개혁하려는 여러 시도들이 있었습니다. 특히 12세기말 이후로 교회개혁을 요구하는 소리(Reformatio in capite et in membris)가 높아지고 있었습니다. 이들은 성공하지 못했고 극심한 탄압을 받았습니다만 이런 시도는 어두운 중세 사회를 비추는 개혁의 여명이었습니다. 중세 하에서 교회개혁을 추구하던 이들은 이단(heretics)으로 간주되어 탄압을 받았고, 때로 종파운동(sect, sectarian), 거부자들(dissent, dissenter), 혹은 자유교회 운동(free church movement) 등으로 불리기도 했습니다. 비록 이런 용어는 16세기 이후에 발전된 것이지만, 중세 하에서도 교황의 절대권을 반대하고, 교회의 과도한 부의 축적, 성직자들의 윤리적이지 못한 생활을 비판하고 개혁을 외친 이들이 있었다는 점은 놀라운 일이 아닐 수 없습니다. 중세교회의 문제는 미신과 이교사상, 교리적 혹은 신학적 탈선이지만 이와 더불어 교회와 성직자들의 과도한 부의 소유, 성적 타락, 세속 권력에 대한 탐욕이 타락의 원인이었습니다. 돈, 권력, 명예에 대한 과도한 탐욕이 문제였습니다. 이런 환경에서 교회와 성직자들의 청빈과 겸손한 섬김을 주창했던 이들이 중세시대 개혁자들이었습니다. 그 가운데 몇 가지 사례를 소개하고자 합니다.

브레스치아의 아놀드
(Arnold of Brescia)

중세 가톨릭교회의 세속화와 타락에 대해 최초로 항의했던 한 사람은 북부 이탈리아 브레스치아(Brescia)의 수도원장이었던 아놀드(Arnold of Brescia, 1100-1155)였습니다. 교회의 부패가 13세기 이후 더욱 심화되지만, 그가 이미 11세기에 교회의 세속화를 비판하고 초대교회적 이상을 제시하면서 교회의 개혁과 정화를 주장한 일은 의미 있는 일이 아닐 수 없습니다. 특히 그는 성직자의 도덕적 타락에 주목하고 이를 비판했습니다.

아놀드는 두 가지 점에 대해 개혁을 주장하고 쇄신을 요구했습니다. 첫째는 교회의 세속 지배를 반대했습니다. 교회가 부패했다는 말은 교회 지도자들이 부패했다는 의미였고, 교회 지도자들이 부패했다는 말은 성직자들이 부패했다는 의미였습니다. 아놀드는 성직자들의 타락은 교회가 세속까지 지배하고자 했던 권력에의 욕망때문이라고 보았습니다. 권력욕이 교회와 성직자들의 속화를 초래한 주된 원인이었다고 인식한 것입니다.

둘째, 아놀드는 교회와 성직자들의 물질적 탐욕을 비판하고, 사도적 청빈(apostolic poverty by the church)을 주장했습니다. 그는 성직자나 교회는 재물을 소유해서는 안 된다고 본 것입니다. 교회의 속화를 막기 위해서 교회는 모든 세속 권력과 재산을 국가에 돌려주고 초대교회의 소박한 모습으로 돌아가야 한다고 주장했습니다. 부(富)는 신앙행위와 무관한 것처럼 보이지만, 그것을 추구하다보면 탐심에 빠지게 되고 결국 구원에서 멀어질 수 있다고 본 것입니다. 물질적 풍요가 성직자의 도덕적 타락을 초래한 사례를 고려한다면 아놀드의 주장은 설득력이 있습니다.

이런 그의 확신은 부자 청년에 관한 비유(막 10:17-31, 마 19:16-

30, 눅 18:18-30)에 근거하고 있습니다. 한 부자 청년이 예수님께 와서 "내가 어떻게 하여야 영생을 얻겠습니까?"라고 질문했을 때, 예수님은 "네가 계명을 지키라."고 했습니다. 그러자 이 부자 청년은 "그 계명들은 내가 어려서부터 다 지켰습니다."고 대답합니다. 그러나 예수님은 이 부자 청년에게 "네게 한 가지 부족한 것이 있다."(one thing you lack)고 하시고는 "네 소유를 다 팔아 가난한 사람에게 주고, 그리고 와서 나를 쫓으라." 고 했습니다. 예수님은 부자 청년에게 물질적 부요가 구원을 방해하고 있다는 점을 보고 계셨던 것입니다. 이 본문에 근거하여 아놀드는 성직자가 부를 축적하는 것을 반대하고, 교회는 초대교회의 청빈함으로 돌아가야 한다고 가르친 것입니다.

세속 권력과 부에 대한 탐심을 멀리해야 한다는 것은 그 이후 중세시대 개혁자들의 공통적인 주장이었습니다. 당시 교회가 그처럼 세속 권력을 탐하고 물질적 부를 숭상했음을 보여줍니다. 우리 마음속에 은밀하게 감추어져 있는 권력에 대한 탐욕과 소유에 대한 탐심이 교회를 세속화시키고 있다는 점을 지적한 아놀드의 가르침은 당시로서는 매우 획기적인 것이었습니다. 따라서 이 두 가지 욕망을 버릴 때 교회가 새로워질 수 있다고 본 것입니다.

아놀드의 주장은 설득력이 있었고 상당한 지지를 받았으나 당시 세욕에 물든 교회로서는 수용할 수 없었습니다. 교황 이노센트 2세(Innocent II, 1130-1143)에 의해 소집된 제2차 라테란 회의(The Second Lateran council, 1138)에서 그는 교회의 질서를 파괴하는 자로 정죄되어 이탈리아에서 추방됩니다. 당시 교회의 비정한 적폐(積弊)를 경험한 아놀드는 보다 과격하고 급진적인 경향을 띄게 됩니다. 파리로 이주한 그는 피터 아벨라드(Peter Abelard, 1079-1142)를 변호한 일로 아벨라드와 함께 정죄되어 결국 외딴 수도원에 살도록 거주 제한 조치를 받게 됩니다. 얼마 후 그는 파리로 돌아갔으나 프랑스에서 추방되었고, 취리히를 전전하다가 보헤미아로 이주합니다. 1145년에는 교황과 화해했으나 이것도 잠시, 곧 과격한 개혁운동가로 변신합니다. 교회 쇄신에 대한 의지로 불타던 그는 다시 로마로 가서 교황권에 이의를 제기했으나 로마에서도 추방되었습니다.

독일 왕이자 신성로마제국 황제 프리드리히 1세(Friedrich I, Barbarossa)*는 아놀드를 체포하고 로마로 송환했습니다. 사형은 피할 수 없었습니다. 1155년 화형을 당했고 그를 태운 재는 티베르 강에 버려졌습니다. 아놀드로부터 연원한 집단을 아놀드주의자들

---

* 독일 왕이자 신성로마제국 첫 번째 황제가 된 프리드리히 1세는 건장한 키에 불타는 듯한 붉은 수염을 가진 황제였다. 독일에는 프리드리히라는 이름의 왕들이 많아서 이를 구분하기 위해 프리드리히 1세를 '프리드리히 1세 바르바로사(Barbarossa, 텁석부리) 혹은 '붉은 수염왕'으로 부른다. 황제 재위기간은 1152-1190이었다.

(Arnoldists)이라고 부릅니다. 가톨릭 교회의 속화에 반대하고 교회의 국가 지배와 사도적 청빈을 주창한 일은 진정한 교회개혁 운동이었습니다. 아놀드가 처형된 후 얼마 못되어 동부 프랑스에서는 청빈을 강조하는 또 다른 인물이 등장했는데, 그가 피터 왈도(1140-1217)였습니다. 왈도는 아놀드와 접촉 여부와 상관없이 아놀드의 개혁정신을 정신적으로 계승했다고 할 수 있습니다.

피터 왈도
(Peter Waldo)

중세시대 교회를 개혁하고자 했던 또 한 사람이 프랑스 리용의 부유한 상인이었던 피터 왈도(Peter Waldo, c.1140-1217)입니다.* 프랑스 보(Vaux) 지역의 도핀(Dauphine)에서 출생한 왈도는 젊은 시절에는 상업에 종사하였습니다. 그에게 있어서 물질은 풍요로운 삶을 위한 도구였습니다. 그러나 1173년 경 파티 석상에서 동료

---

* 왈도는 보통 *Valdes*, *Valdo*(불), *Valdesius*, *Valdexius* 등으로 호칭되기도 했는데, 14세기까지는 그냥 왈도라고 했다. 그 후 베드로라는 의미의 '피터'를 더하여 '피터 왈도'라고 부르게 된다. 이것은 그가 베드로처럼 가난하게 지냈다는 것을 보여주고, 사도 베드로의 정신적인 계승자라는 점을 보여줌으로써 당시 호화롭게 사는 교황들과 대조시켜 보려는 의도였다.

의 갑작스런 죽음을 목격한 후 생의 의미에 대해 심각하게 고민하기 시작했습니다. 그가 곧 교구 신부에게 찾아가 하나님께로 나아가는 길을 물었을 때 신부는 마태복음 19장 21절을 소개해 주었습니다. "네가 완전해지고자 하거든 가서 네 소유를 팔아 가난한 사람들에게 주라. 그리하면 너는 하늘에 보화를 쌓을 것이니라." 이 본문은 이집트의 안토니우스(250?-356?)로 하여금 수도운동을 시작하게 했던 바로 그 구절이었습니다. 하늘의 보화를 얻는 길은 "소유를 팔아 가난한 이들에게 주는 것"임을 깨닫게 된 왈도는 자신의 재산을 가난한 이들에게 나눠주고 스스로 가난한 삶을 살기로 다짐합니다. 그도 청빈의 이상을 추구했고, 내세의 부요를 위해 이생의 쾌락을 거절해야 한다고 믿게 된 것입니다. 그는 사도적 청빈을 일반인들에게 가르치기 시작했습니다. 성직자나 수도사들만이 아니라 일반인도 이런 삶을 실천해야 한다고 보았습니다. 이런 삶의 방식은 세욕에 물든 당시 교회에 있어서 일종의 쇄신운동이었습니다. 인간의 탐욕과 부의 추구에 대한 강력한 대안은 청빈한 삶을 사는 것이었기 때문입니다.

왈도의 삶의 방식을 따르는 추종자들이 생겨나게 되면 1177년 무렵 복음을 전할 단체가 결성되었습니다. 이들은 왈도파(Waldeneses), 혹은 왈도파 사람(Waldensians)으로 불리기 시작했고, 삶의 방식을 따라 '리용의 가난한 사람들'로 불리기도 했습니다. 왈도파 사람들은 성경 암송을 중시했고, 청빈한 생활을 추구했습니다. 왈도는 가난한 이들을 위한 사역의 일환으로 성경의 필요한 부분들을 번역하도록 했습니다. 교회의 부패는 말씀에 대한 무지에서 기인한다는 확신 때문이었습니다. 말씀이야말로 우리의 무지를 깨닫게 해 주는 광명이라고 믿었던 것입니다. 왈도는 성경과 기독교 문서를 일반 대중들이 이해할 수 있는 프랑스어로 번역하게 하고, 이를 보급하는데 생애를 바쳤습니다. 그는 성경의 교훈처럼 전대나 아무 것도 가진 것 없이 둘씩 짝을 지어 촌락이나 시장, 혹은 거리에서 전도하게 했고, 월, 수, 금요일은 금식하게 했습니다. 이런 왈도파 사람들은 자신들을 '심령이 가난한 자들'이라고 믿었습니다.

그들은 맹세하지 않았고 피 흘리는 일도 거부했습니다. 교리적으로는 연옥을 부인하고 사자(死者)를 위한 기도도 반대하고 성경만이 유일한 권위임을 주장하였습니다. 화체설을 부인하는가하면 성자 숭배도 반대하였습니다. 이들의 주장은 성경의 사상이었고, 진정한 의미의 개혁운동이었습니다.

왈도파 사람들이 지지를 얻고 세력을 확장해 가자 리용의 대주교는 이들이 공인받지 않는 설교자라는 이유로 중지 명령을 내렸습니다. 그러나 왈도는 "우리는 사람들보다 하나님께 순종해야 한다."(행 5:29)는 베드로의 말을 인용하며 이에 불복합니다. 왈도는 곧 대주교로부터 파문을 당합니다. 1179년에 소집된 제3차 라테란 회의에서 왈도파는 자신들의 입장을 개진할 수 있었으나 월터 맵(Walter Map)이라는 달변가로부터 심한 조롱을 받기도 합니다. 교황 알렉산더 3세(Alexander Ⅲ, 1159-1181)는 이단이라는 증거를 찾지는 못했으나 이들이 평신도라는 이유로 설교권을 인정해 주지 않았고 감독의 지도에 순복할 것을 명했습니다. 이런 와중에도 왈도의 추종자들은 남부 프랑스와 독일 남부, 그리고 알프스 산을 넘어 이탈리아, 스위스까지 퍼져갔습니다. 그들은 행상으로 가장하여 성경을 비밀리에 공급하였고, 성경대로 사는 운동을 전개한 것입니다.

이 왈도파는 로마 교황청의 계급 구조가 인위적이라는 점을 지적하고 연옥, 미사, 화체설은 성경적 근거가 없다고 확신했습니다. 또 세례시 십자가 긋기, 유아를 봉헌하는 헌아식, 견신례 등도 인정하지 않았습니다. 이들의 주장은 1220년에 작성된 14개 항목의 '왈도파 신앙고백서'에 잘 나타나 있습니다.* 이들의 교회 정치관은 '교회의 권징'이라는 문서에 나타나 있습니다. 교회의 직분을 두 가지, 곧 장로(감독)와 집사로 보는 2직분관을 보여주고 있습니다. 무엇보

---

*   왈도파 신앙고백서는 2가지 종류가 있는데, 14개 조항으로 된 것과 23개 조항으로 구성된 것이 있다.

다도 이들은 직분을 계급적 구조로 이해하지 않았고, 모든 장로의 동등권을 주장했습니다.

정리하면, 왈도파 사람들은 사도적인 소박하고 청빈한 삶을 추구함으로써 교회를 정화시키고 오직 그리스도와 성경의 교훈에 따라 사는 삶을 주장하였습니다. 이런 왈도파의 주장은 교회 쇄신운동이자 진정한 교회개혁이었으나 1184년 교황 루시우스(Lucius) 3세에 의해 베로나 교회 회의(Council of Verona)에서 이단으로 파문을 받습니다. 심각한 탄압이 뒤따랐고, 알프스 산맥의 깊은 계곡에 은둔하지 않으면 안 되었습니다. 박해가 심해지자 가정집에서 비밀 예배를 드렸고, 순회 설교자들이 이들을 돌보았습니다. 13세기에는 박해가 더 심해졌습니다. 1229년 교황 이노센트 3세는 발렌시아 교회 회의(Council of Valencia)를 소집하여 왈도파가 교회의 권위에 도전한다며 이단으로 정죄하고 처형하도록 명했습니다. 1380년 교황 클레멘트 7세는 수도사를 동원하여 왈도파를 색출하여 처형하였고, 1487년 교황 이노센트 8세는 18,000명의 군대를 동원하여 왈도파를 진멸하고자 했습니다. 이때 100만명 이상이 처형되었다고 합니다.

계속된 탄압과 박해에도 불구하고 왈도의 가르침은 16세기까지 명맥을 이어왔습니다. 이들은 루터의 개혁을 지원하였고, 프랑스에서 종교개혁이 일어날 수 있는 기초를 제공했습니다. 왈도파는 오직 성경 사상에 근거하여 개혁을 주장한 교회개혁 운동임이 분명하지만, 이들 역시 중세의 한계를 완전히 극복하지는 못했습니다. 이들의 구원교리와 청빈생활에서 고행주의의 흔적이 남아 있고, 인간의 행위와는 상관없는 하나님의 은혜를 결여하고 있다는 점은 어쩔 수 없는 시대적 한계였을 것입니다.

교회 회의 운동
(Conciliar Movement)

중세 후기라고 볼 수 있는 13세기 이후 교회의 부패는 더욱 심화됩니다. 특히 교황청의 타락이 심각했습니다. 교황청은 교회에 대한 지배만이 아니라 세속 권력을 장악하였고, 교황은 세속적인 부귀와 영화를 추구했습니다. 이런 배경에서 '전권사상'(全權, Plenitudo Potestatis)이 대두되었습니다. 교황의 군주적 통치권을 말하는 이 용어는 13세기 문서에서 보편적으로 나타납니다. 그 대표적인 문서가 1274년 리용(Lyons)의 제2차 공의회에서 선포된 '신앙고백'이었습니다.

이 신앙고백은 교황 그레고리 10세와 동방지역의 황제 미카엘 8

세(Michael VIII)가 라틴교회와 헬라교회 사이의 항구적인 연합을 위한 기초로 마련한 것이었습니다. 여기에서 언급된 '전권사상'이라는 용어는 '그리스도의 대리자'(vicarius Christi)와 함께 교황의 우월권을 강조하는 용어로 사용되었습니다. 인노센트 3세(Innocent, III, 1198-1216)는 성, 속 양 영역을 지배했던 대표적인 교황으로서 실로 막강한 권력을 행사했습니다. 그는 지상에서 하나님과 그리스도의 대리자로서의 통치권을 주장하면서 자신이 하나님과 인간 사이에 섰을 때 하나님보다는 아래이지만 모든 인간보다는 높다고 했습니다. 그는 자신의 위치를 '제일의 그리고 최상의 통치자이자 교회의 왕'(primus et summus magister et princeps ecclesiae)이라고 했고, 그 근거로 마태복음 16장 18절, 요한복음 1장 42절, 20장 23절, 고린도전서 4장 4절을 제시했습니다. 그래서 자신은 지상의 어떤 법정에도 복종할 필요가 없다고 했습니다.

　이러한 사상의 배후에는 교황은 오류를 범할 수 없다는 교황 무오설이 자리하고 있습니다. 비록 교황의 무오성이 공식적으로 선포된 것은 1864년이었지만, 교황에 대한 권위와 위엄은 교황의 무오론에 근거하고 있습니다. 이처럼 교황은 지상에서 절대권을 지니며 그 어떤 것 보다 우선한다는 주장을 큐리얼리즘(curialism), 혹은 성직권주의(聖職權主義, clericalism)라고 부릅니다. 바로 이런 교황의 절대권력 때문에 교황직을 두고 격렬하게 경쟁했던 것입니다.

13세기 교황의 전권사상과 함께 교황이 절대 권력을 행사했으나 14세기 이후 민족주의의 대두와 함께 교황청은 도전에 직면합니다. 1309년부터 1377년까지 70년간 로마의 교황청은 프랑스 왕이 통치하는 아비뇽으로 옮겨가는 수난을 당하기도 했는데, 이를 흔히 '교황청의 바벨론 유수기'라고 부릅니다. 1378년부터는 두 사람의 교황이 나타나 각각 자신의 정통성을 주장하는 등 교황청의 대분열이 1417년까지 40년간 계속되었습니다. 교황청의 분열은 추기경단 또한 분열되었음을 의미하는데, 이 40년을 '교황청의 대분열'이라고 말합니다. 교황청이 분열되자 교회의 부패는 가중됩니다. 교황청의 재정은 고갈되었고, 재정적 부패는 심화됩니다. 각종 징세제도가 고안되었고, 도덕적 타락이 뒤따랐습니다. 교황은 물론이지만 성직자들의 축첩 또한 일반화되었습니다.

이제 교회와 교황은 권위를 상실했으나 교황청의 분열을 해결할 쇄신기능이 없었습니다. 절대 권력인 교황청이 분열했는데 누가 이를 바로 잡는다는 말입니까? 이런 상황에서 교황의 절대권을 반대하고 교회 회의가 교황보다 우선하다는 주장이 제기 되는데, 이를 '공의회 지상주의' 혹은 '콘질리아 운동'(Conciliar movement)이라고 부릅니다. 이것은 교황권에 대항한 교회 회의 우선주의로서 큐리얼리즘에 대한 반발에서 비롯된 것입니다. 이런 취지에서 1409부터 1439년까지 4차례의 교회 회의가 있었습니다. 1409년의 피사 회의, 1414년에서 1418년까지의 콘스탄츠 회의, 1431년에서 1449년까지의 바젤 회의가 그것입니다. 그리고 1438년에서 1439년까지 모였던 피렌체 회의는 교회 회의 우선주의자들이 주도한 바젤 회의를 반대하는 교황지지파들의 회의였습니다.

그러나 이런 회의는 교황청 분열의 해결이나 교회개혁을 외쳤던 후스(John Huss) 등 소위 이단 처리문제가 중심 주제였기 때문에 진정한 의미에서 교회개혁 운동이라고 할 수 없습니다. 도리어 중세 기독교를 옹위하는 회의였습니다. 그럼에도 불구하고 '교황'의 권위보다 '교회 회의'의 권위를 우선시 하여 교회 회의를 통해 중세교회 내부의 문제를 개혁하려는 콘질리아 운동은 교황의 절대권에 대한 거부로서, 후일 교황이 절대적인 권위를 갖는 것이 아니라 성경이 절대적인 권위라는 주장을 받아들일 수 있는 환경을 마련했다는 점에서 의미가 있습니다. 다른 한 가지 의미는 이 교회 회의론자들이 실제적으로 당시 교회의 문제를 간파하고 교회개혁을 주장했다는 점입니다. 이들은 교황의 절대권에 대한 거부, 교회와 성직자들의 권세와 부에 대한 탐욕을 비판했습니다. 부와 권력과 명예에 대한 탐욕은 어느 시대나 속화와 부패의 주된 요인이었습니다.

파리의 존, 마르실리오, 윌리엄 옥캄

교회와 성직자들의 세속 권력, 물질적 부에 대한 탐욕을 비판하며 교회 내부의 개혁을 외쳤던 파리의 존(John of Paris), 마르실리오(Marsilio of Padua) 그리고 윌리엄 옥캄(William of Occam)에 대해 소개하겠습니다.

교회사에서 가장 오래된 교회 회의는 325년의 니케아 회의입니다. 당시 교회가 당면한 교리문제를 해결하기 위해 교회 회의를 소집했듯이, 14세기에도 전체 교회의 회의를 통해 당면한 문제를 쇄신하고자 한 것입니다. 이 일에 앞장선 주도적인 세력이 파리대학 교수들이었고, 그 첫 인물이 파리대학 교수였던 존(John of Paris, c.1250-1306)이었습니다. 존 퀴도르트(John Quidort)라고도 불린 그는 저명한 설교가이기도 했습니다. 그는 『왕권과 교황권에 관하여』(*De potestate regia et papali*, On Royal and Papal Power, 1302)라는 저서에서 교회와 국가는 공히 동등한 주권을 가지며, 각각 고유의 영역이 있다고 주장했습니다. 특히 그는 교황만이 교리를 확정할 수 있다는 주장에 반대하고, 교황이라도 그릇된 교리를 주장하면 교회 회의에 의해 폐위되어야 한다고 주장했습니다.

이탈리아 동북부 지역인 파두아의 마르실리오(Marsilio of Padua, c.1275-1342) 또한 교회 회의 주창자였습니다.* 그는 파두아 대학에서 철학과 의학을 공부했던 정치 철학자였으며, 1313년에는 파리 대학 학장을 역임하기도 했습니다. 그는 1324년 『평화의 수호자』(*Defensor Pacis, Defender of the Peace,* 1324)라는 책을 집필했지만 반교황적 성격이 강해 이 책의 저자라는 사실이 밝혀진 것은 2년 후인 1326년이었습니다. 그는 이 책 때문에 출판된 지 3년 후인 1327년 이단으로 규정되어 파리를 떠나야 했고, 프랑스 왕 루이스 4세의 법정에 서기도 했습니다.

마르실리오의 이 책은 3권으로 나눠져 있는데, 1권에서는 국가 철학을, 2권에서는 교회의 신학을, 3권에서는 이상의 전체를 요약 정리하였습니다. 마르실리오는 사회 통합 요소는 교회가 아니라 국가이며, 세속 군주의 기능은 평화를 유지하는 것이라고 보았습니다. 법을 제정하고 공동의 복지를 감독하고 군주를 선택할 권리는 국민(민중)에게 있으며 군주가 법을 어겼을 때는 민중이 정부를 전복할 수 있다고 주장했습니다. 즉 그는 일종의 저항권 사상을 피력한 것입니다. 또 그는 종교적인 문제에 대하여 국가권력의 강제력

---

* 마르실리우스에 대한 자세한 연구로는 강치원, 『마르실리우스 정치사상과 중세성과 근대성』(고려대학교 대학원 사학과 박사학위청구논문, 1992)이 있다.

을 사용하는 것은 옳지 않다고 주장했습니다. 이것은 서구 교회에서 어거스틴에 의해 주창되어 왔던 소위 '정의에 근거한 경우에' 국가권력을 통해 이단을 억제할 수 있다는 국가권력의 무력행사를 정당화한 이론(Compelle intrare)을 반대한 것입니다.

마르실리오는 이 책 제2권에서 교황청이 본연의 권한을 넘어서 세속을 통치하려고 함으로써 세계의 분열을 가져왔다고 진단하고, 그리스도께서 세속 권세에게 순복하라고 하신 말씀에서 볼 때 교황의 이런 권력 행위는 부당하다고 주장한 것입니다. 또 교회의 교계(教階) 제도는 신적인 것이 아니라 인간적인 제도라고 보았습니다. 교황의 세속 권력 행사의 정당성을 말할 때 흔히 '콘스탄틴 기증서'까지 소급하여 이 문서에 근거하여 주장하는데, 이 사실 자체가 세속에 대한 교황의 지배는 교회의 본질적 권리가 아니라는 점을 보여준다고 지적한 것입니다. 그리스도는 지상의 권력을 갖지 않았기 때문에 교회는 세속권력을 가져서는 안 되고, 교회가 행사해야 하는 유일한 권력은 본질상 영적인 것이어야 한다고 주장한 것입니다. 그는 교회의 세속적인 권력과 물질적 소유가 모든 불화의 원인이므로 교회는 가난해야만 한다고 지적한 것입니다.

무엇보다도 마르실리오는 공의회, 곧 교회 회의(general council)를 교회의 최고 의결기구로 보아 교황 우선주의 곧 큐리얼리즘에 반대했습니다. 마치 세속 통치자가 신민에 의해 권세를 부여받는 것처럼, 교황은 신자의 총의에 의해 그 권위를 부여받는다고 말하면서 신자의 총의인 교회 회의는 교황의 권위보다 우월하다고 주장한 것입니다. 마르실리오가 『평화의 수호자』에서 제시한 6가지 원칙을 정리하면 다음과 같습니다.*

1. 교회의 세속적인 재산과 수입은 황제에게 귀속된다.
2. 황제는 교황을 퇴위시키고 훈계하거나 처벌할 수 있다.
3. 그리스도는 교회의 우두머리를 지정하지 않으셨다.
4. 교황이나 주교 등 성직자들의 권위는 동등하다.
5. 교회는 어떤 공권력도 행사할 권한이 없다.
6. 교황은 형벌의 면죄를 선언할 권리가 없다.

이러한 주장은 아비뇽 교황을 분노케 했고, 악명 높은 교황 요한 22세(John XXII, 1316-1334)는 마침내 1327년 마르실리오를 이단으로 파문합니다. 마르실리오는 교황 요한 22세를 '평화의 적'이라고 말하며 공격했으므로 안락한 삶을 생각할 수 없었습니다. 마르실리오의 책은 1517년 다시 출판되지만 1559년 금서목록(Indexem librorum

---

* 한스 크리스티안 후프, 『교황들』(동화출판사, 2009), 87.

prohibitorum)에 포함됩니다.* 그러나 종교개혁자들은 이 책을 주의 깊게 연구하였습니다.

영국의 철학자이자 신학자인 윌리엄 옥캄(William of Ockham, c.1280-c.1349)은 존이나 마르실리우스보다 더 발전된 교리를 주장합니다. 그는 『대화』(Dialogus, 1343)에서 교황도 오류를 범할 수 있는 동일한 인간이며 이단이 될 수도 있는 연약한 존재이고, 교회 회의는 이단에 빠진 교황을 폐위할 수 있다고 주장합니다. 특히 옥캄은 교황이나 교회 회의는 오류를 범할 수 있지만 성경만이 무오하다고 주장합니다. 프란체스코 수도회에 속했던 그는 급진적인 청빈론의 옹호자였고, 교회에서 남녀 간의 평등을 주장했습니다. 그도 교황 요한 22세의 미움을 받았고, 1328년 교황청에 출두하여 이단으로 정죄될 위기에 있었습니다. 그러나 다른 피고들과 함께 아비뇽을 탈출하였고, 교황과 대결했던 뮌헨의 루트비히 4세의 궁정에 망명합니다.

또 한 사람 니콜라스 카자누스(Nikolaus Casanus, 1401-1464)**인데, 그는 바젤 회의에서 교황에 대한 공의회의 우월성을 지지하는 내용의 『가톨릭의 연합에 관하여』(De Concordantia Catholica, 1433)를 저술했습

---

* 강치원, 6.
** 니콜라스 카자누스는 독일 쿠사(Cusa) 출신으로 하이델베르그와 파우다에서 수학하고 1423년 퀼른에서 교회법 박사 학위를 받았다. 철학자이자 추기경이었고, 새로운 학리사상을 발전시켰던 인물이다.

니다. 이처럼 교황의 권위보다 교회 회의의 권위를 우선시 하여 교회개혁을 시도한 이들을 콘질리아주의자들(Conciliarist)이라고 부릅니다. 이들은 당시 교회로부터의 분리를 주장한 것은 아니었으나 교회 쇄신론자들이었다고 할 수 있습니다.

존 위클리프
(John Wycliffe)

중세 하에서 교회개혁을 외친 가장 위대한 인물은 영국의 존 위클리프(John Wycliffe, c. 1330-1384)였습니다.* '종교개혁의 새벽별'로 불리고 있는 그는 16세기 개혁운동의 선구자라고 할 수 있습니다. 루터가 태어나기 1세기 전에 이미 종교개혁의 기본사상을 가르쳤다는 점에서 그를 개혁의 선구자로 말하는 것은 매우 자연스러운 일입니다.

종교개혁이 일어나기 이전 시기 교회개혁을 시도한 이들을 흔히 세 부류로 나눕니다. 왈도파의 사람들, 위클리프, 존 후스 등을

---

* 위클리프에 관한 대표적인 전기적 기록이자 그와 그 시대의 활동과 종교개혁에 끼친 영향 등에 대해서는 G. H. W. Parker, *The Morning Star, Wycliffe and the Dawn of the Reformation* (Exeter: The Paternoster Press, 1965)을 참고할 것.

교리적인 개혁자들이라고 말합니다. 반면에 사바나놀라 같은 이들을 실제적인 개혁자들이라고 말하지만, 에크하르트(Meister Eckhart)나 토마스 아켐피스(Thomas Akempis), 존 베셀(John Wessel) 등을 신비주의적인 개혁자들이라고 말합니다. 중세 신비주의자들도 스콜라주의적인 교권체제를 넘어 하나님과의 직접적인 교통(直交)을 추구했다는 점에서 중세교회 구조를 혁신하려는 의도가 있었기 때문에 일종의 개혁운동으로 간주될 수 있습니다. 어떻든 16세기 이전 중세 하에서의 개혁자들을 흔히 '종교개혁 이전의 개혁자들'(Pre-Reformers)이라고 말하는데, 필립 휴스(Philip E. Hughes)는 이들을 '다리 놓는 사람들'(Bridge Builders)이라고 불렀습니다.

위클리프의 출생과 젊은 시절에 대해서는 알려진 바가 없습니다.* 그의 출생을 1324년으로 보는 이가 있는가 하면 1328년 혹은 1333년설도 있지만, 일반적으로 1330년대라고 말하고 있습니다. 그는 영국 북부지방 욕샤이어(Yorkshire) 주 힙스웰(Hipswell)에서 출생했습니다. 후일 옥스퍼드 바리올 대학(Balliol college)에 입학했는데 당시 학생 수는 80여명에 불과했다고 합니다. 1356년에는 머르톤 대

---

* 그러나 위클리프에 대한 많은 연구가 이루어졌고 그에 대한 풍요로운 정보를 전해 주고 있다. 위클리프에 대한 평이한 전기로는, Douglas C. Wood, *The Evangelical Doctor* (Hearts: Evangelical Press, 1984)가 있다.

학(Merton college)으로 옮겨가게 되지만 그가 옥스퍼드에 머문 기간은 11년이었습니다.* 1358년 석사학위를 받았고, 1372년에는 신학박사(Doctor of Divinity) 학위와 신학교수(professor of Divinity) 칭호를 받습니다. 14세기 당시의 professor라는 칭호는 박사학위 수여자에게 주어지는 것으로서, 지금처럼 고정된 급여를 받고 가르치는 그런 의미는 아니었습니다. 그것은 1430년 이후의 일입니다.** 어떻든 그는 옥스퍼드 대학 교수가 되었고 후에 학장이 됩니다. 분명하게 말할 수 없지만 그는 성장기에 어거스틴과 신플라톤주의의 영향을 받았던 것으로 보입니다. 이때 쯤 그는 설교가와 학자로서 명성을 얻었고, 1376년에는 황실, 곧 에드워드 3세(Edward III, 1312. 11. 13-1377. 6. 21)의 궁정목사가 됩니다. 에드워드 2세의 장자인 에드워드 3세는 중세 시대의 가장 성공적인 왕으로 평가받고 있는 잉글랜드의 국왕이었습니다.

위클리프가 교회개혁의 지도자로 등장한 때는 1374년 경이었습니다. 그는 이제 학자로서의 조용한 삶에 종지부를 찍고, 14세기 타락한 교회 문제에 서서히 관심을 보이기 시작했습니다. 당시의 가장 중요한 논쟁은 지배권(dominion) 혹은 주제권(lordship)의 문제였습

---

*   *Douglas C. Wood*, 11.
** *Douglas C. Wood*, 39.

니다. 그 시대 사람들은 지배권은 하나님으로부터 온다는 점에 의견의 일치를 보이고 있었습니다. 그러나 이 지배권이 어떤 경로로 인간에게로 전달되는가에 대해서는 이견이 있었습니다. 한 가지 대답은 하나님이 세계와 인간에 대한 지배권을 교황에게 주었고, 교황에 의해 지배권이 행사될 때 정당성을 가진다고 믿었습니다. 즉 교황은 절대권자였습니다. 당시의 학자들은 이 지배권을 행사하는 통치자가 은혜의 상태, 곧 죄를 범치 않는 상태에 있어야 한다는 점을 강조했습니다.

이 때 리차드 피츠랄프(Richard Fitzralph)는 "왜 세속 통치자에게만 은혜의 상태를 요구하는가? 성직자들은 심각한 범죄 상태에서도 통치권을 행사할 수 있단 말인가?"라고 의문을 제기합니다.* 그는 위클리프의 스승으로 간주되는 인물로서 그의 영향을 받은 위클리프도 이 논쟁에 참여하면서 교회개혁의 인물로 등장하게 됩니다. 그의 첫 외침은 절대적인 통치권을 행사하는 교황의 지상권(至上權)에 대한 반대였습니다. 위클리프는 1376년 옥스포드에서 행한 강연이자 저술인 『통치권에 관하여』(De Dominio Civili)**에서 교회의 세속 지배와 교회와 성직자의 재산소유를 비판했고, 또 성직자들의 권력

---

* 브루스 셸리, 290.
** 영어로는 On Civil Lordship으로 번역된다.

과 부에 대한 과도한 욕망을 비판했습니다.

당시 영국에서 교회가 차지하고 있는 면적은 영국 토지의 3분의 1에 해당할 정도였습니다. 이런 토지의 과도한 소유를 보면서 위클리프는 정부가 부패한 성직자의 재산을 압수할 책임이 있다고 주장한 것입니다. 위클리프의 주장이 통치자인 곤트의 요한(John of Gaunt)*에게는 환영받을 요구였지만 교황의 입장에서 볼 때 위클리프의 주장은 반 교회적이었습니다. 이 일에 대하여 교황은 1377년 18개 항목의 죄목으로 위클리프를 정죄하였으나 곤트의 요한이 그를 보호해 주었습니다. 아비뇽 교황에 대한 적대감 때문이었습니다. 당시 영국은 프랑스와 불화상태에 있었고, 아비뇽 교황은 프랑스왕의 지배하에 있었기 때문입니다. 이런 와중에서 교황은 위클리프를 처단하지 못했고, 이런 정치적 환경에서 위클리프는 교회개혁을 추진할 수 있었습니다.

통치권에 대한 위클리프의 생각은 '은혜에 기초한 통치권' 이론으로 발전합니다. 그는 성직자나 평신도나 하나님의 눈으로 볼 때는 동일하다고 말하면서, 당시 교회가 주장하는 사제의 중보적 역할이

---

* 1377년 경 에드워드 3세가 사망하자 흑태자라 불린 장남 에드워드는 1년 전에 이미 사망했으므로, 에드워드 3세의 장손자이며, 흑태자의 외동아들 리처드 2세가 즉위하는데 10살에 불과한 미성년이었다. 그래서 에드워드 3세의 4남이며 리처드 2세의 삼촌인 랭커스터 공작인 곤트의 요한이 섭정을 했다. 요한은 영국 학계에서 위클리프의 명망을 듣고 그를 궁정으로 초빙했다. 당시 교황청은 아비뇽과 로마 양측으로 분열되어 서로 정통성을 주장하고 있었다.

나 희생으로 드리는 미사가 더 이상 필요하지 않다고 주장합니다. 말하자면 위클리프는 루터보다 140여 년 앞서 만인사제직(Universal priesthood of believers)의 원리를 제시한 것입니다.

교황청이 프랑스 아비뇽으로 옮겨간 소위 교황청의 바벨론 유수와 교황청의 대분열을 보면서 위클리프는 더 적극적으로 교회의 부패를 비판합니다. 그는 이신칭의의 교리를 주장하고 성경의 유일성과 성경만이 교회의 유일한 권위임을 주장했습니다. 그래서 어거스틴이나 제롬 혹은 그 어떤 성인의 주장이라 할지라도 성경에 기초하지 않는 것은 받아들일 수 없다고 보았습니다. "그리스도의 법이 최선이며 그것으로 충분하다."고 말한 것입니다.*

교황의 지상권을 부인했던 위클리프는 교회의 계급 구조를 반대했고, 택함 받은 자의 구원은 미사나 면죄부, 고행이나 선행 등 인간이 고안해 낸 각종 제도와는 무관한 것임을 주장합니다. 또 화체설(transubstantiation)을 부인하고 성찬에서 분잔하지 않는 일, 연옥설(purgatory), 면벌부(indulgences), 성지순례(pilgrimages), 성자숭배, 유물숭배 등을 비판합니다. 1380년에는 빵과 포도주가 물리적인 그리스도의 살과 피로 변화된다는 화체설을 12가지 이유로 비판하는 책을 저술했습니다. 이 일은 커다란 반향을 불러 일으켜서 옥스퍼드에서

---

* 브루스 셸리, 293.

의 강의가 금지되고 심각한 이단으로 간주되었습니다.

이러한 점에서 위클리프는 진정한 의미의 개혁신앙을 주창한 인물이었습니다. 그의 가르침은 종교개혁자들의 가르침과 동일했습니다. 특히 부와 탐욕에 빠진 교회에서 사도적 청빈을 강조한 점은 광범위한 지지를 받았습니다. 그는 성 베드로의 의자에 앉은 자들은 베드로처럼 재물을 탐하거나 소유하지 않는 청빈한 삶을 추구해야 한다고 주장했습니다. 이것은 교황의 세속지배, 세속권에 대한 권세를 포기해야 한다는 가르침이었습니다. 교황이 권력을 탐하고 세속 지배권을 행사할 때, 청빈한 삶을 살 수 없고 타락할 수밖에 없다는 점을 지적한 것입니다. 위클리프는 교황이 아니라 오직 그리스도만이 교회의 수장이라는 점을 주장하고, 교황제는 그리스도와 제자들의 소박한 삶으로부터의 현저한 이탈임을 지적하였습니다. 위클리프는 중세 하에서도 성경의 교회, 곧 개혁신앙을 회복하고자 했던 인물입니다.

위클리프는 1378년 공직에서 물러나 연구와 저술에 몰두하고 있었습니다. 주교들은 옥스포드대학에 압력을 넣어 위클리프를 위협했습니다. 1382년에는 위클리프의 숙적이라고 할 수 있는 켄터베리 대주교 윌리엄 코티네이(William Courtenay)가 공의회를 소집하고, 위클리프가 화체설을 부인하는 것 등에 대해 24개 항목으로 정죄하며 재판에 회부했습니다. 그런데 회의 중에 지진이 발생했습니다. 위클리프는 자신을 정죄한 것에 대한 하나님의 분노의 표징이라고 했으나, 코티네이는 땅이 더러운 이단을 몸 밖으로 몰아내고 있다고 해석했습니다. 이렇듯 위클리프에게는 몇 차례 위기가 있었으나, 루터의 경우처럼 정치적 상황이 그에게 유리하게 전개되었기 때문에 살아남을 수 있었습니다.

위클리프의 다른 한 가지 공헌은 성경번역입니다. 이 또한 교회개혁 의지의 산물이었습니다. 그는 라틴어 벌게이트판 성경을 영역하여(1382-84) 보급했는데, 이것이 최초의 영어성경인 위클리프 성경(Wyliffe Bible)입니다. 이 번역을 도운 두 인물은 헤레포드의 니콜라스(Nicholas of Hereford)와 존 퍼비(John Purvey)였다고 합니다. 위클리프의 말년은 저술에 몰두한 시기였습니다. 그는 1382년에 뇌일혈로 쓰러진 이후 1384년 두 번째로 쓰러졌고, 그로부터 얼마 후인 1384년 12월 31일 예배 도중에 하나님의 부름을 받습니다. 그의 사후 영국왕 헨리 4세(Henry IV, 재위 1399-1413)와 그의 아들 헨리 5세(재위 1413-1422)는 그를 정죄하고 그의 모든 저서들을 소각하고 금지시켰습니다.

위클리프의 가르침은 로랄드파(Lollards)* 혹은 로랄드 운동(Lollard

---

* 로랄드라는 말의 의미에 대해서는 분명한 설명이 없다. 아마도 중세 화란어 *lollen* 혹은 *lullen*(노래하다, 중얼거리다)에서 나온 것으로 추측되어 로랄드파는 중얼거리는 자들(Lollards, *mumblers*)로 불렸다. '로랄드'가 라틴어 *lolia*(가라지, 잡초)에서 나온 것으로 보는 이도 있다.

Movement)을 형성하였습니다. 옥스포드를 거점으로 한 이 운동은 백성들에게 성경을 보급하고 그의 제자들이 여러 곳을 순회하면서 사도적 청빈의 정신으로 전도하는 단체였습니다. 반 천주교적인 운동이 확산되어 감에 따라 로마교는 1406년 반 이단법안을 통과시켰습니다. 1409년에는 위클리프의 주장이 정죄되었고 성경번역과 거리전도 또한 금지됩니다. 후스를 처단했던 1415년 콘스탄츠 회의에서는 위클리프를 260개 항목의 죄명으로 정죄하고 그의 저서를 불사릅니다. 그가 사망한지 44년 후인 1428년에는 교황의 명에 따라 위클리프의 유해를 다시 화형에 처했습니다. 이런 박해 하에서도 로랄드 운동은 꾸준히 계속되어 후일 영국의 개혁에 저류를 형성하게 됩니다. 따지고 보면 위클리프의 개혁운동의 결실이었습니다.

얀 후스
(John Hus)

위클리프의 영향을 받은 보헤미아 프라하(Prague)의

이 용어는 위클리프의 추종자들을 경멸하는 뜻에서 1382년 처음 쓰여졌고, 1387년에 공식적으로 사용되었다고 한다.

얀 후스(Jonh Hus, 1372/1373-1415)도 중세교회의 개혁을 주창한 위대한 개혁자였습니다.* 그는 15세기 개혁자이자 체코의 민족주의 운동에도 커다란 자취를 남긴 인물입니다. 그에게 사상적인 영향을 준 영국의 위클리프(c.1330-1384)는 러터워드(Lutterworth)의 목사관 침대에서 임종을 맞았으나, 후스는 1415년 콘스탄츠(Constance)에서 이단으로 정죄되어 7월 4일 화형을 당했습니다. 교회개혁에 대한 신념으로 고난의 길을 걸어갔지만 살아 있을 당시 자신이 선택한 개혁자의 길을 후회하지 않았습니다. 그가 화형을 당할 당시 위클리프는 죽은 후 30년이 지났으나 그의 무덤은 파헤쳐져 시신은 다시 정죄되었고, 저서는 불태워지고 다시 금서로 지정되었습니다.

화형을 당하기 전 후스는 "당신들은 지금 작은 새 한 마리를 불태우지만 앞으로 100년이 지나면 큰 황새가 날 것이다. 그때는 아무도 그를 죽이지 못할 것이다. 하나님이여, 내 영혼을 받으소서."라고 말했습니다. 그런데 그로부터 꼭 102년이 지난 후 루터의 개혁이 시작된 것입니다. 후스의 화형 500주년을 기념하여 1915년 프라하의 구시가 광장에 세운 후스의 동상에는 이렇게 쓰여져 있습니다. "진실을 사랑하고 진실을 말하고 진실을 행하라."

---

* 　후스에 대한 대표적인 전기로는 Victor Budgen, *On Fire For God* (Hertfordshire: Evangelical Press, 1983)가 있다.

그렇다면 얀 후스는 어떤 인물이었을까요?* 후스는 현재의 체코인 보헤미아의 남부 후지네츠(Husinec)의 가난한 농부의 아들로 태어났고, 출생한 곳의 지명을 따라 후스(Hus)라고 부르게 되었다고 합니다. 약 13살 때 고향 근처 프라차티스 초등학교에 입학하였고, 1390년에 프라하 대학에 입학하여 4년간 수학하고 22명 가운데 6등으로 졸업합니다. 1396년에는 석사 학위를 받고 프라하 대학 문학부에서 가르치기 시작합니다.

1402년에 사제 서품을 받은 후 프라하의 베들레헴 예배당의 주임 사제 겸 설교자로 임명되었습니다. 그가 위클리프의 가르침을 받아들이게 된 것은 이 무렵이었습니다. 그래서 이곳이 체코에서 개혁운동의 중심지가 된 것입니다. 이곳에서 후스는 1412년까지 설교자로 활동했습니다. 이 10년간 후스는 국왕과 동료 교수들의 전폭적인 지지를 받는 국가적 영웅이었습니다. 후스는 이곳에서 라틴어가 아닌 자국어로 설교하였으며 그의 설교를 듣기 위해 3천 명이 운집했다고 합니다. 현재에도 건재하고 있는 이 예배당은 외관이 다른 성당처럼 화려하거나 웅장하지 않을 뿐 아니라 단순하고 그 내부도 단순한 구조로 되어 있습니다.**

---

* 얀 후스의 생애 여정에 대한 주요 정보는 J. D. Douglas, *The New International Dictionary of the Christian Church* (Zondervan, 1978), 492-493에 의존하였음.
** 후스는 재단 위의 각종 성상을 제거하고 사제들과 귀족, 평민의 좌석을 구분하지 않았다. 현

그렇다면 후스는 언제 어떤 경로로 위클리프의 사상을 접하고 교회개혁을 주장하게 되었을까요? 위클리프의 작품들은 1401년 경부터 보헤미아의 프라하로 전파된 것으로 알려져 있습니다. 이런 서적을 통해 후스는 위클리프를 알게 된 것으로 보입니다. 19세기 독일의 교회사학자 니안더(August Neander)에 의하면 후스는 특히 콘라드 발덴스테인(Conrad von Waldenstein, d. 1393)을 통해 위클리프의 사상을 접했다고 합니다. 후스가 위클리프의 영향을 많이 받았다는 것은 그가 보헤미아 자체의 개혁운동(Bohemian Reform Movements)의 영향을 받았다는 점을 의미합니다.

보헤미아가 위클리프의 영향을 받을 수 있었던 것은 1383년 영국왕 리차드 2세(Richard II, 1377-1399)가 보헤미아의 안나(Anna) 공주와 혼인함으로써 두 국가가 밀접한 관계를 맺었기 때문입니다. 이런 역사적 배경에서 보헤미아의 많은 학생들이 영국의 옥스포드 대학으로 유학할 수 있었고, 그 결과 위클리프의 사상을 받아들여 조국으로 전파할 수 있었습니다. 그 결과 위클리프의 가르침은 1402년부터 후스에 의해 급속하게 전파되었습니다.

재 이 교회 2층에는 박물관처럼 꾸며져 있는데 프라하에서의 개혁의 역사를 소개하고 있다. 이 베들레헴교회당은 1661년 가톨릭 성당으로 개조 되었고 1786년에는 파괴되었다. 그러나 1950년 이 건물을 다시 복원했는데, 이것이 현재의 건물이다. 후스 당시의 건물 벽 3개가 남아 있다.

그동안 교황청은 분열되어 혼란을 겪었고, 악명높은 교황 요한 23세는 1412년 나폴리에 대항한 전쟁수행에 필요한 군자금을 마련한다는 취지로 면죄부를 판매했습니다. 보헤미아에서도 면죄부가 판매되자 후스는 이를 강력하게 비난했습니다. 이때 후스는 면죄부만이 아니라 교회의 실재적 개혁을 요구하기 시작했습니다. 위클리프의 영향을 받은 프라하 시민은 반기를 들었고, 교황의 교서를 불살랐습니다. 이 무렵 면죄부 판매를 반대했다는 이유로 세 청년이 참수되는 비극이 일어났고, 교황청은 후스를 이단으로 지목하여 다시 조사하기 시작합니다. 결국 후스는 추기경 드 콜로나(Cardinal de Colonna)에 의해 파문을 당합니다. 결국 후스는 1402년 이래 10년간 봉사했던 베들레헴 예배당을 떠나 1412년 10월부터 보헤미아의 남부 지방에서 2여 년간 문서 활동에 몰두합니다. 그는 보헤미아어와 라틴어로 저술했는데, 이 기간 동안의 저술은 후스의 사상을 헤아려 볼 수 있는 소중한 문서들입니다. 보헤미아어로 쓴 『설교집』(Postil)과 『신앙과 십계명 주기도문 해설』(Expositions of the Faith, of the Decalogue, and of the Lord's Prayer), 그리고 라틴어로 쓴 『교회론』은 중요한 문헌입니다.

위클리프의 사상을 계승한 후스의 주장은 다음과 같이 정리할 수 있습니다. 첫째, 성경의 절대권과 성경만이 유일한 권위임을 주장했습니다. 둘째, 교회란 교황이 아니라 그리스도를 머리로 하는 택함 받은 백성들의 모임이라는 점을 주장하고, 교황의 무오성을 비판했습니다. 이것이 그의 『교회론』의 핵심입니다. 셋째, 성직자들의 삶의 개혁을 주창했습니다. 즉 후스는 교황과 감독들의 도덕적, 윤리적 타락을 비판하고, 성직자들의 탐욕과 사치, 게으름 등 비도덕적인 생활의 개선을 촉구했습니다. 넷째, 후스는 당시 교회의 거짓 교리를 비판했는데, 특히 면죄부 판매를 비판했습니다. 다섯째, 비성경적인 성찬제도를 거부하여 성찬의 떡만이 아니라 잔도 함께 주어져야 한다고 했습니다. 여섯째, 후스는 예배의 개혁을 추진하여, 성경적인 설교, 자국어 설교, 회중 찬양을 회복했습니다. 그는 회중들로 하여금 찬양을 하게 하여 교회에서 회중 찬양을 회복시켰습니다.* 후스는 비록 교황청의 미움을 받았으나 보헤미아인들의 사랑을 받았고, 1414년에는 귀족의 호의로 크라코벡(Krakovec)에 있는 성으로 옮겨갔습니다.

한편 교황청의 분열을 해결하지 못한 당시 교회는 1414년 11월 1일 보덴 호숫가에 있는 작은 도시 콘스탄츠에서 교회 회의를 개최했습니다. 이 회의가 콘스탄츠 회의(The Council of Constance, 1414-1418)입니다. 처음에는 추기경을 비롯한 40여 명의 고위성직자들만

---

*   스티븐 니콜스, 『세상을 바꾼 종교개혁 이야기』(부흥과 개혁사, 2009), 31.

참석했으나 곧 감독, 대감독 뿐 만 아니라 종교계의 저명 인사, 신학자 등이 참석하여 5,000명이 모인 회의였습니다. 교황 요한 23세와 신성 로마황제 지기스문트(Sigismund)도 참석하였는데, 단일 교황 하의 교회의 통일과 교회개혁 그리고 이단, 곧 후스 처리 문제가 주요 의제였습니다.

후스는 이 회의에 소환 명령을 받았고, 황제는 여행의 안전보장을 약속했습니다. 오랜 숙고 끝에 후스는 소환에 응하기로 결심하고 10월 11일 크라코벡을 떠나 20여일 후인 11월 3일 콘스탄츠에 도착했습니다. 개혁운동의 동료였던 제롬(Jerome of Prague, c.1371-1416)도 동행했습니다. 콘스탄츠에 도착한 후스는 처음에 어느 미망인의 집에 거주했으나 곧 교황 거처로 유인되었고, 이어 도미닉 수도원 감옥에 6개월 간 투옥되었습니다. 황제의 신변보장 약속은 지켜지지 않았습니다. 교황 이노센트 3세(1198-1216)는 오래 전에 "하나님과의 신의를 저버린 자에게는 약속을 지킬 필요가 없다."고 말했을 정도였는데, 추기경들은 회의가 열리기 전에 후스를 감금시킨 것입니다. 당시 종교재판에서는 피고의 무죄가 드러나기 이전까지는 일단 유죄로 취급했습니다. 도미닉 수도회는 교황권의 보호라는 이름으로 고문기술을 개발한 악명을 지니고 있었습니다. 이 기간 동안 후스는 비인간적인 고문을 당합니다. 그러나 그의 정신만은 더 강하게 정련되어 있었습니다.

곧 후스에 대한 재판이 시작되었습니다. 심문관은 후스가 위클리프의 입장을 따른다는 점을 확증하고자 했습니다. 후스가 이 혐의를 효과적으로 반박하자 심문관 파렉(Stephen Pálec)은 후스의 『교회론』(De ecclesia)에서 42개 항목을 발췌하였고, 파리 출신의 종교법학자 장 제르송(Jran Gerson)은 후스가 이단이자 오류를 범했다는 20여항의 혐의점을 지적한 문서를 공의회에 제출합니다.

이런 상황에서 공의회를 주도하던 요한 23세는 전임 교황 독살, 성직매매, 교회재정 낭비 등이 문제시 되어 교황직에서 폐위됩니다. 콘스탄츠 공의회는 재조직되었고, 후스는 다일리(Pierre d'Ailly, 1350-1420) 추기경을 위원장으로 한 새로운 위원회 앞에서 재판을 받게 되었습니다. 후스는 1415년 6월 5, 7, 8일 열린 공의회 앞에서 심문을 받게 되었는데 자신의 견해를 제시하거나 옹호하는 것은 허용되지 않았고, 반대자들이 날조한 혐의에 대해 답변하는 것만이 허용되었습니다. 당시 종교재판은 단순했습니다. 증인들이 드러난 이단 혐의에 대해 증언하면, 피고는 자기 죄를 고백하고 주장을 포기하던가 아니면 화형을 감수해야 했습니다. 죄를 고백하는 자들에게는 화형 대신 종신형을 선고 했습니다.

반대자들은 후스가 위클리프 이단의 추종자임을 증명하려 했고,

여러 가지 거짓 혐의를 씌우고자 했습니다. 그러나 후스는 자신이 주장하지도 않은 것을 철회하는 것은 자신에 대한 위증이라며 항의했고, 자신의 주장이 잘못이라는 점을 성경적으로 증명하면 기꺼이 철회하겠다고 했으나 공의회는 이를 거부했습니다.*

  1415년 7월 6일 마지막 회의가 열렸습니다. 후스를 정죄하는 30개 항이 낭독된 후에 세 가지 사항을 고백하도록 요구했습니다. 첫째, 자신이 지금까지 주장했던 것들이 잘못된 것이며, 둘째, 앞으로 그 모든 주장을 철회하고, 셋째, 그 주장에 반대되는 선언을 할 것을 요구했습니다. 그러나 후스는 그 정죄가 자신이 주장한 바가 아니었기에 철회할 수 없다고 대답합니다. 이 회의에서 후스는 완고한 이단이자 위클리프의 추종자라고 선언되었습니다. 콘스탄츠 회의는 후스 이단을 화형에 처할 것을 결의하고 세속 정부에 집행을 의뢰했습니다. 그의 머리에는 악마들이 그의 영혼을 갈기갈기 찢는 그림이 그려진 종이관이 씌워졌는데, 거기에는 '이단의 괴수'(Hoeresiarcha)라는 글이 쓰여 있었습니다. 1415년 7월 6일 후스는

---

*   후스가 1415년 7월 1일자로 쓴 편지가 남아 있다. "나 얀 후스는 예수 그리스도의 사제임을 바라면서 하나님의 뜻에 어긋나게 행하는 것을 두려워하고 위증죄를 두려워합니다. 거짓 증거들을 가지고 나에 반대하여 제시된 어떤 항목이나 모든 항목들은 나와 무관함을 밝히 선언합니다. 그들이 내가 행했다고 말하는 것들을 전파하지 않았고, 변호하지도 않았습니다. 이 사실에 대해 하나님이 나의 증인이 되십니다. 더욱이 그들이 나의 저서들에서 발췌한 항목들에 관해 그들이 나타내는 모든 허위 해석을 나는 증오합니다. 진리에 반대하기를 두려워하는 만큼이나 또는 교회 박사들의 견해를 반박하기를 두려워하는 만큼이나 나는 그것들 중 어느 것도 포기할 수 없습니다." 나은성, 「이것이 교회사다」(PTL, 2013), 380.

시편을 묵상하면서 '악마의 장소'라고 불리는 형장에서 화형대에 올라 죽음을 맞았습니다. 그는 자기 주장을 철회할 마지막 기회가 주어졌을 때 이렇게 말했다고 합니다. "거짓 증인들에 의해 고소된 것을 결코 내가 가르치지 않았다는 점에 대해서는 하나님이 나의 증인이시다. 내가 저술하고 가르치고 설교한 복음의 진리 가운데서 오늘 나는 기쁘게 죽을 것이다." 그리고 이렇게 기도했습니다. "주 예수님, 당신을 위하여 나는 이 잔인한 죽음을 불평 없이 감당합니다. 나의 대적자들에게 자비를 내려 주소서."

화형을 당하던 날 새벽에 쓴 마지막 편지에서 말했던 것처럼, 그는 죽음을 두려워하지 않았습니다. 불에 타고 남은 재는 라인강에 뿌려졌습니다. 이때는 위클리프가 죽은 지 30년이 지난 때였으나 그의 무덤은 파헤쳐졌고, 그도 다시 정죄되었습니다. 그의 저서 또한 금서로 지정됩니다. 후스의 친구이자 개혁의 동료였던 프라하의 제롬도 1416년 5월 화형에 처해집니다. 후스가 체포될 때는 콘스탄츠에서 도망쳤으나 다시 잡혀 투옥되었다가 화형을 당하게 된 것입니다.

콘스탄츠 공의회가 후스를 처형한 일은 보헤미아에서 반독일 및 반교황 정서를 자극하였고, 보헤미아의 독자적인 교회인 후스파 교회를 형성하게 하였습니다. 이들 중 과격파는 교황청과 무력으로 대결했는데, 이것이 1419년부터 1434년까지 15년간 전개된 후스파 전쟁입니다. 이 전쟁은 보헤미아인들의 저항이었습니다.

프라하의 제롬
(Jerome of Prague)

중세 하에서 교회개혁을 시도했던 인물 중 보헤미아 프라하의 제롬(Jerome of Prague, c. 1371-1416)이 있습니다. 그는 평신도였으나 위대한 웅변가이자 토론가였습니다. 그도 로마교회의 개혁을 위해 싸웠던 인물이었으나 그에 대해서는 알려진 것이 별로 없습니다. 단지 얀 후스(Jonh Hus, 1372/1373-1415)의 제자이자 동료로 알려져 있을 뿐입니다. 분명한 사실은 그도 로마교적 환경에서 로마교회의 가르침을 받으면서 성장했다는 점입니다. 1398년에는 프라하 대학을 졸업했는데, 이 학교에 재학하는 동안 위클리프를 알게 되었고, 교회개혁의 이상을 공유하게 된 것으로 보입니다.

앞에서 언급했지만 보헤미아는 영국 지배층과의 선린관계로 1380년대부터 위클리프의 저서들이 소개되고 있었고, 프라하 대학은 개혁사상을 전파하는 본거지였습니다. 이런 환경에서 제롬은 위클리프의 사상을 접하게 된 것입니다. 프라하 대학을 졸업한 제롬은 영국 옥스포드에서 일정 기간 공부하고, 1401년 위클리프의 저작을 가지고 프라하로 돌아와 이를 보급하는 일에 몰두했습니다.*
이것은 그가 반 로마교적인 개혁신앙을 깊이 수용하고 있었음을 보여줍니다. 그후 제롬은 파리 대학으로 옮겨가 문학석사 학위를 얻고 그곳에서 강의를 하였습니다.

제롬은 신학적으로 볼 때 위클리프주의를 따르는 실제론자(Realist)였습니다. 이런 신학적 입장 때문에 파리 대학에서 더 이상 가르칠 수 없었습니다. 파리 대학은 위클리프의 주장을 거부하고 있었기 때문입니다. 이때부터 제롬은 교회개혁자로 활동하기 시작하는데, 그의 신학사상은 위클리프-후스를 잇는 개혁신앙이었습니다. 그는 면죄부 판매의 부당성을 지적하고 구원을 받기 위해서는 순수한 복음적 진리로 돌아와야 한다고 가르쳤습니다. 더 나아가 교회 토지의 공유화를 주장하고, 교회는 청빈해야 한다는 점을 강조했습니다. 예배의식에 있어서도 초대교회처럼 성찬식 때 신도에게도 떡과 함께 잔도 주어야 한다고 주장하였습니다. 그러나 성찬관에 있어서는 여전히 전통적인 화체설을 신봉하고 있었습니다.**

---

* Harold Brown(라은성 역), 『이단과 정통』(그리심, 2001), 432.
** J. D. Douglas ed., *The New International Dictionary of the Christian Church* (Zondervan, 1978), 529.

제롬은 1407년 민족주의-위클리프주의적 신앙운동(Nationalist-Wycliffite campaign)에 동참하게 됩니다. 이런 노력은 결과적으로 독일인이 주도적이었던 프라하 대학에서 체코인들도 동등한 지위를 부여받게 해 주었습니다. 그러나 제롬은 이단적 사상의 소유자라는 이유로 프라하의 대주교로부터 파문을 받았고, 1410년에는 헝가리의 지기스문트 궁정에서 행한 설교 때문에 고초를 겪습니다. 그의 교회개혁 의지는 항상 도전을 받았고, 오스트리아 비엔나로 도피할 수 밖에 없었습니다. 그러나 이곳에서 종교재판관에 의해 체포됩니다. 그는 이미 파문을 받았으므로 생존의 위기를 감지하고 비엔나를 탈출합니다.

은밀한 순례자가 된 그는 1412년에는 프라하로 돌아와서 후스와 함께 유명한 공개 논쟁에 참여합니다. 이 토론에서 신자는 그리스도의 법에 위배되는 교황의 명령에 순종할 의무가 없다고 주장합니다. 그 뒤 친구이자 동료인 후스의 파문에 저항하고 면죄부 판매와 유골숭배를 반대하는 시위를 주도합니다. 당시 후스는 로마교의 신학은 물론 면죄부 판매를 반대하여 1412년 파문을 받았고, 성사금지령이 내려진 상태였습니다. 제롬은 후스에 대한 이런 제재 조치가 부당하다고 보았고, 면죄부 판매는 기독교의 바른 신앙을 위협하는 거짓이라고 선언합니다. 이때의 시위는 면죄부 판매를 공인한 교황 요한 23세의 칙서를 불태우는 것으로 절정에 달했습니다.

결정적인 사건은 1414년에 일어났습니다. 이 때 후스는 이단 혐의로 콘스탄츠 회의에 소환 명령을 받았고, 황제는 여행의 안전을 보장했습니다. 그래서 후스는 10월 11일 크라코벡(Krakovec)을 떠나 20일 간의 여행을 거쳐 11월 3일 콘스탄츠에 도착하게 됩니다. 제롬은 동료들의 만류를 뿌리치고 이 여행에 동행했습니다. 단 한 가지 이유는 후스를 지원하고 돕기 위해서였습니다. 이때 제롬은 체포의 위기를 겪어 콘스탄츠에서 도피했으나 개인의 힘은 미약했습니다. 그는 다시 체포되어 콘스탄츠로 호송되었고 다시 1여 년간 투옥됩니다. 반면에 후스는 여행의 안전 약속을 보장받지 못한 채 도미닉 수도원 감옥에 6개월 간 투옥되었고, 앞에서 설명한 바처럼 콘스탄츠 공의회에서 정죄되어 '이단의 괴수'(Hoeresiarcha)라는 누명으로 1415년 7월 6일 화형을 당합니다.

황제 지기스문트(재임 1410-1437)*는 제롬도 처리해 줄 것을 요청했습니다. 지기스문트는 룩셈부르크 왕가에서 나온 마지막 황제로서 서유럽 교회의 대분열기 황제였습니다. 그는 후스전쟁을 종식시킨 왕으로 평가되고 있으나 개혁자들을 처단했던 왕이었습니다. 그는

---

* 그는 헝가리와 크로아티아의 왕(1387-1437), 독일 왕(1410-1437), 보헤미아 왕(1419-1437), 브란덴부르크 선제후(1378-1388, 1411-1417)였고, 신성 로마 제국의 황제(1433-1437)였다.

교황 요한 23세에게 교회의 대분열을 종식시키기 위한 콘스탄츠회의 소집을 설득했고, 아헨에서 독일 왕으로 대관식을 치른(1414. 11) 후 콘스탄츠로 가서 공의회에 참석했습니다. 지기스문트는 후스의 신변보장을 약속하였으나 지키지 않고 화형시켰는데, 그가 이번에는 제롬을 화형에 처하도록 했던 것입니다. 옥중에서 고문을 당하던 제롬은 병까지 얻어 육체적으로 연약한 가운데 있었습니다. 한때 그가 후스의 교리를 부정하기까지 했던 것은 고문이 얼마나 가혹했던 가를 보여줍니다. 그는 1416년 4월 26일 콘스탄츠 회의에 출두하여 마지막 심문을 받는 가운데 성실하지 못하고 태도가 모호하다는 비판을 받게 됩니다. 그러자 제롬은 과거에 자신이 교회개혁 정신을 부정한 것은 육체적 연약과 두려움 때문이었다고 고백하며, 다시 교회개혁의 이상을 주장합니다. 이제 죽음은 피할 수 없었습니다. 제롬은 다시 타락한 이단자로 정죄를 받고 후스와 마찬가지로 1416년 5월 30일 화형에 처해졌습니다. 그는 화형을 당하기 전 시편 31편으로 하나님께 마지막 기도를 드렸다고 합니다.

여호와여 내가 주께 피하오니
나를 부끄럽게 하지 마시고
주의 공의로 나를 건지소서.

내가 나의 영을 주의 손에 부탁하나이다.

진리의 하나님 여호와

나를 속량하셨나이다.

이 본문은 일년 전 후스가 처형을 앞두고 암송했던 동일한 말씀이었습니다. 보헤미아의 후스파 교회는 후스와 함께 제롬을 교회개혁을 시도한 일로 순교한 최초의 인물로 간주합니다. 제롬의 저서 가운데 현존하는 것은 대학에서 행한 강의록과 논쟁서들, 그밖에 '보편실재에 관한 입장'(Positio de universalibus), '보편 실재에 관한 질문'(Quaestio de universalibus)이라는 2편의 논문입니다.

교회개혁을 꿈꾸며 보헤미아, 독일, 폴란드 등지를 방랑했던 제롬은 결국 자신의 신념을 지키며 죽음을 맞았던 것입니다. 그는 후스와 동일한 교회개혁의 이상을 가졌던 인물로서 위클리프의 정신적 제자였다고 할 수 있습니다.

지롤라모 사바나롤라
(Girolamo Savonarola)

종교개혁 이전의 개혁자로 흔히 네 사람을 꼽고 있습니다. 12세기 프랑스의 개혁자 피터 왈도, 14세기 영국의 개혁자 위클리프, 15세기 체코의 개혁자 얀 후스 그리고 15세기 말 이탈리아의 사바나롤라(Girolamo Savonarola, 1452-1498)입니다. 루터가 이단으로 정죄되었던 독일 보름스에 가면 에른스트 리첼(Ernst Rietschel)에 의해 세계 루터파 교회 후원으로 1868년 건립된 루터 기념상이 있습니다. 루터 동상 아래에 좌상으로 피터 왈도, 존 위클리프, 얀 후스, 그리고 사바나롤라의 동상이 있습니다. 루터 동상 주변에 이들의 좌상을 세운 것은, 이들이 종교개혁 이전의 대표적 개혁자라고 인식했기 때문입니다. 네 인물 중 앞의 세 사람에 대해서는 이미 소개했으므로 이번에는 이탈리아 출신의 도미닉 수도사이자 개혁자였던 사바나롤라에 대해 소개하고자 합니다.

사바나롤라는 루터가 출생하기 약 30년 전인 1452년 이탈리아 페라라(Ferrara)에서 출생했습니다. 이탈리아 북부지방의 페라라는 르네상스의 도시로 알려져 있습니다. 이런 환경에서 그는 이탈리아인으로서 르네상스 인문주의의 아버지라고 불리는 페트라카(Francesco

Petraca, 1304-1374)의 저서를 접하게 되었고, 교회개혁의 이상을 배우게 됩니다. 페트라카는 흔히 '첫 현대인'이라고 불리며, 중세를 '암흑시대'라고 명명하고 아비뇽 교황들을 '프랑스의 포로'라고 비꼬아 말했던 인물입니다. 사바나롤라는 처음에는 의사가 되고자 했으나 1474년 비밀리 집을 떠나 이탈리아 중부지방 도시인 볼로냐로 가서 도미닉 수도원에 입단합니다. 그 이후 이탈리아 북부지방 여러 도시에서 활동했는데, 1490년에는 프로렌스라고 불리는 피렌체(Firenze)에 정착하였습니다. 그리고 이곳의 메디치의 로렌조(Lorenzo de Medici)가 설립한 산 마르코 수도원에서 설교자로 일하기 시작합니다. 이때부터 그는 개혁자로 활동하게 되었고, 설교자로 신망을 얻었습니다. 특히 요한1서와 요한계시록 설교를 통해 감동을 주었고, 1491년 사순절에는 피렌체에서 가장 큰 성당의 설교자로 초청될 정도로 명성을 얻었습니다. 그러나 이때부터 그는 당시의 사회악을 고발하고 피렌체 지도자들의 회개를 촉구하며, 그리스도인들, 특히 귀족 성직자들의 향락과 사치를 공격하기 시작합니다. 성직자들의 도덕적 타락이 교회의 위기라고 보았기 때문입니다. 그가 성직자들의 타락을 공격했다는 점에서 브레스카의 아놀드와 동일합니다. 사바나롤라 자신은 사도적 청빈을 실천했고, 회개치 않는 지도자들과 성직자들의 타락을 보면서 1492년에는 북쪽으로부터 주님의 칼이

와서 피렌체를 심판할 것이라고 경고했습니다.

사바나롤라의 이런 활동에 대해 격분한 피렌체의 통치자 메디치의 로렌조는 그를 공격할 설교가를 고용하였는데, 그 설교가는 사바나롤라를 제거할 음모를 꾸미기까지 했습니다. 그러나 피렌체 시민들은 사바나롤라를 지지함으로써 이런 시도는 무위로 끝납니다. 얼마 후 사바나롤라는 성 누가 수도원의 원장으로 선출됩니다. 그는 수도원 내에 개혁수도회를 만들고 개혁을 시작하여 수도원의 재산을 팔아 가난한 이들을 후원합니다. 그가 추진한 개혁이란 수도원 본래의 정신인 청빈을 실천하는 일이었고, 이를 구조적으로 가능하게 하는 일이었습니다. 점차 그의 영향력은 확대됩니다. 심지어 사바나롤라를 미워하여 제거하고자 했던 로렌조 마저도 임종시에 자신의 최후를 지켜달라고 부탁할 정도였습니다.

이런 상황에서 프랑스 왕 샤를 8세(Charles VIII, 1470-1498)가 2만 5천 명(이중 8천 명은 스위스 용병이었다)의 군사를 동원하여 이탈리아를 침공합니다. 군대의 깃발에는 '신의 의지, 신이 보낸자'(Voluntas Dei, Missus a Deo)라는 구호가 적혀 있었습니다. 샤를의 군대는 반도를 가로질러 1495년 2월 22일 나폴리에 도착했습니다. 나폴리 왕국에 대한 영유권을 차지하기 위한 의도였습니다. 샤를 8세는 곧 나폴리를 점령하고 나폴리 왕국의 왕이 되었고 남하하는 진로에 있던 피렌체로 진입했습니다. 로렌조를 계승했던 피에르토 메디치(Pierto de Medici)는 군사적 대결이 가망이 없다고 보아 샤를 8세에게 뇌물을 주고 전화를 막으려 했으나 피렌체 시민들은 이에 반대합니다. 시민들의 신망을 잃은 피에르토는 그 도시를 떠날 수밖에 없었고, 시민들은 사바나롤라에게 해결을 의뢰합니다. 중재에 나선 사바나롤라는 프랑스군의 약탈을 막고 협상을 통해 프랑스와 동맹을 맺습니다. 이렇게 되자 사바나롤라에 대한 신망이 더욱 높아져서 공식적인 지위를 가지지 않았으나 피렌체의 실제적 지도자가 됩니다.

사바나롤라는 프랑스군의 침공을 하나님이 하신 일이라고 믿었습니다. 즉 샤를 8세를 피렌체의 부패를 정화하기 위한 하나님의 도구라고 본 것입니다. 프랑스 군대가 피렌체의 죄인들을 축출하면, 도시는 도덕성을 회복하고 교회 재건을 위한 최적지가 될 수 있다고 생각했던 것입니다. 피에르토가 떠나고 프랑스 군이 물러가자 사바나롤라는 피렌체를 공화정부형태로 개편하고, 조세개혁을 단행하며 도덕적 개혁을 추진합니다. 교회가 소유한 금, 은 등 보석을 팔아 가난한 자들에게 구제할 것을 제안합니다. 그 도시를 수도원적인 금욕적 도시로 바꾸어 가면서 일종의 신정(神政)공화국을 추진한 것입니다. 한 가지 사례가 1496년 축제 때 행했던 '허영의 소각'(burnigs of vanities)이었습니다. 도시 중앙광장에 나무를 쌓아놓고 시민들이 가지고 있는 '허영'의 물건들을 불사르게 한 것입니다. 사치스런 의복, 도박기구, 화장품, 가발, 보석, 음란서적, 고가의 가구 등 엄청난 양의 물건들이 불살라졌습니다.

이런 시도를 부정적으로 평가하여 독재적, 독단적 발상이었다고 폄하하는 역사가도 있습니다. 당시 피렌체 시민들도 사보나롤라의 엄격한 통치방식에 반감을 가지기도 했습니다. 경제적 여건이 악화되자 이런 부정적 심리는 더욱 심화됩니다. 당시 교황 알렉산더 6세(Alexander VI, 1492-1503)는 이탈리아 독일 스페인과 동맹을 맺어 프랑스에 대항하고자 했는데, 사바나롤라는 이에 반대합니다. 스페인 출신 교황 알렉산더 6세는 금품으로 표를 매수한 인물로서, 돈과 여성편력에 대한 복잡한 추문을 남긴 인물이었습니다.* 이런 교황에 대해 사바나롤라가 침묵하고 있을 수 없었습니다. 그는 청빈한 삶을 가르치며 교황의 사치와 방종을 지적했습니다. 사바나롤라는 로

---

* 한스 크리스티안 후프, 『교황들』(동화출판사, 2009), 160. 콘클라베가 개최되었을 때 금과 패물이 가득찬 상자들이 추기경들에게 배달되었다는 소문이 퍼져 있었고 그에게 표를 약속한 이들이 빈손으로 돌아가지 않았다고 한다. 금품을 제공한 대가로 그는 결국 1492년 8월 11일 교황으로 선출되었고, 고대의 위대한 장군의 이름을 따 자신을 알렉산더로 명명했다. 이때 그의 나이는 61세였다. 일곱 명의 자녀를 두었으나 이를 숨기지 않았고, 무수한 애정 편력 또한 숨기지 않았을만큼 파렴치했다. 그는 반노차 데 카타네이 라는 정부 사이에서 4명의 자녀를 두었으며, 이들에게 권력과 금품을 남겨주었다. 추기경의 재산을 빼앗기 위해 독살을 지시하였고, 가족의 권력 강화를 위해 자기 딸을 세 번이나 결혼시키고, 추기경직을 경매방식으로 판매하기까지 했다. 특히 여자를 즐겼는데, 복잡한 여성편력에 대해 로마의 한 역사가는 이렇게 썼다. "마치 쇠 부스러기가 자석에 끌리듯이 그는 여성들에게 매력을 느꼈다."(한스 크리스티안 후프, 168). 금품 매수, 권력남용, 살인 교사, 부도덕, 간음, 사치, 향락에 빠졌던 '소름끼치는 교황'은 1503년 8월 18일 말라리아로 죽었다. 그의 시신은 곪아서 진물이 흘러 내렸다고 한다. 사람들은 악마가 그의 영혼을 데려갔다고 믿었을 정도였다(한스 크리스티안 후프, 186).

마교회나 교황직 자체를 거부한 것은 아니었고, 교황 개인의 부도덕을 지적했을 뿐입니다. 불법에 익숙한 교황은 사바나롤라에게 설교를 금지시키고, 1495년에는 로마로 호출령을 내렸습니다. 그리고는 그를 파문합니다. 사바나롤라는 잠시 주저했으나 성직매매를 통해 교황이 된 알렉산더 6세는 참된 교황이 될 수 없다고 판단하고, 황제와 국왕들에게 공의회를 소집하여 교황의 불법성을 확증하려고 했습니다. 이 때 교황은 피렌체가 사바나롤라를 침묵하게 하지 않는다면 이 도시에 성무(聖務)금지령을 내리겠다고 위협합니다.

이런 상황에서 사바나롤라에 대해 반감을 가졌던 반대자들은 1498년 4월 8일 산마르코 수도원을 습격하고 사바나롤라와 두 수도사를 고소합니다. 사바나롤라는 투옥되어 심문과 고문을 받았고, 결국 이단자이자 이교자이며 거룩한 교회를 멸시한 자라는 이름으로 정죄되었습니다. 사바나롤라는 루터와 달리 교황권을 부인하거나 교회를 부인하지는 않았습니다. 단지 소름끼치는 부도덕으로 세상 앞에서 조롱거리가 된 교회를 염려했을 뿐입니다. 교회개혁을 외쳤으나 끝까지 로마교회의 일원으로 남아 있던 사바나롤라에게 한 가지 자비가 주어졌다면 교수형에 처한 후 화형에 처한다는 것이었습니다. 사바나롤라는 1498년 5월 23일 다른 두 사람의 수도사와 함께 피아차 델라 시그노리아(Piazza della signoria)로 끌려가 교수형을 당합니다. 그 후 그의 시신은 채 마르지도 않은 장작더미 위에 던져져 다시 불태워집니다. 이들에 대한 기억을 말소하기 위해 타고 남은 재는 아르노(Arno)강에 뿌려졌습니다.

사바나롤라는 성직자들의 타락을 비판하고 물질에 대한 탐욕을 경계했던 도덕주의자였습니다. 이런 점에서 브레스치아의 아놀드(Arnold of Brescia)와 동일합니다. 사바나롤라의 4권으로 구성된 책 『십자가의 승리』(Triuph of the Cross)는 후일 개혁지향적 인사들의 애독서가 되었습니다. 도미닉 수도사로서 금욕적인 인물이었고, 로마교회에 남아 있으면서 사치와 방종, 비도덕 등 성직자들의 탈선을 비판하고 교회 쇄신을 시도했던 그는 알레산더 6세에 의해 화형을 당하고 맙니다. 그러나 중세 하에서도 개혁을 외쳤던 이들의 호소가 후일 종교개혁으로 꽃피게 되었다는 점을 부인할 수 없을 것입니다.

제4장
종교개혁기의 권력자들

　　종교개혁의 역사는 물론 개혁운동의 이면사를 알기 위해서는 당시의 통치자가 누구였고, 그들의 종교관이 어떠했던가를 아는 것이 중요합니다. 유럽에서는 통치자의 종교가 시민의 종교선택권과 깊이 관련되어 있었기 때문입니다. '그 지역의 종교는 그 지역 통치자의 종교로'라고 하는 이른바 통치자의 종교선택권은 1526년 처음 제시되어 1559년 이후 확고하게 자리하게 되지만, 사실은 1526년 이전에도 이런 경향이 지대했습니다. 종교개혁 당시 긍정적이든 부정적이든 개혁운동에 영향을 준 권력자는 누구였을까요? 여기서는 세 사람, 곧 신성로마제국의 황제 카를 5세, 루터의 후견인 역할을 했던 프레드리히 3세 그리고 종교개혁 당시 교황이었던 레오 10세에 대해 소개하고자 합니다. 이 장은 루터의 개혁운동을 이해하는 데 도움이 될 것입니다. 따라서 "제5장 루터와 독일에서의 개혁" 이후에 읽으셔도 상관없습니다.

신성로마제국 황제 카를 5세
(Karl V. 1500-1558)

종교개혁 당시 대표적인 권력자가 신성로마제국의 황제 카를 5세(Karl V. 1500-1558)였습니다. 1500년 2월 24일 출생한 그는 1519년부터 1530년까지 신성로마제국의 황제였고, 1516년부터는 스페인의 국왕이기도 했습니다. 스페인에서는 카를로스 1세(Carlos I)로 불렸는데, 그가 바로 막시밀리안 1세(Maximilian I, 1459-1519)의 아들이었습니다. 막시밀리안은 부왕인 프리드리히 3세(1415-1493, 재임기간: 1452-1493)가 린츠에서 향년 78세의 나이로 1493년 8월 19일 서거하자, 신성로마제국의 단독 통치자이자 합스부르크 왕가의 수장이 됩니다. 이때부터 그는 교묘한 혼인 정책과 외교로 영토를 확장하여 오스트리아 귀족 가문인 합스부르크 가(家) 번영의 기초를 확립했습니다. 그리고 부르고뉴 공작이었던 용담공 샤를의 딸 부르고뉴 여공 마리와 결혼하여 그 공국을 차지하는 한편, 에스파냐 왕가와 혼인관계를 맺으면서 왕위 계승을 꾀하고, 오스트리아의 옛 영토를 회복합니다. 또 그는 인문주의 신봉자로서 학자와 문인을 우대하였고, 기사도 정신이 넘쳐 독일 최후의 기사(Deutschland, der letzte Ritter)로 불리기도 했습니다. 광대한 제국 형성의 기초를 마련한 그가 1519년 1월 12일 오버와스트라이히의 벨스에서 사망하자, 부르고뉴 공작 샤를 2세로 지내던 아들 카를이 카스티야와 아라곤 왕국 전체를 상속받아 '카를로스 1세', 혹은 '카를 1세'라는 이름으로 왕위에 오르게 됩니다.

카를이 1519년 황제가 되었을 때, 그는 서유럽을 이끌었던 왕조들의 상속자로서 중유럽과 서유럽 그리고 남유럽을 넘어 아메리카 대륙과 필리핀 제도의 카스티야 식민지까지 포함한 광대한 영토를 다스리는 통치자였습니다. 그래서 그의 제국은 '해가 지지 않는 곳'이라고 불렸을 정도였습니다. 그가 통치했던 지역을 좀 더 분명하게 말하면, 오스트리아, 헝가리, 보헤미아와 같은 합스부르크 왕가의 모국뿐 아니라 북이탈리아의 도시들, 독일과 프랑스 사이에 있는 부르군트 왕국, 네델란드, 스페인, 남아메리카의 새로 정복한 지역들 그리고 멕시코의 아스텍 왕국, 페루의 잉카 왕국까지 포함하는 광대한 지역이었으니 '해가 지지 않는 제국'이란 말이 지나치지 않았습니다. 그럼에도 불구하고 카를 5세의 좌우명은 '계속 전진하라.'(Plus ultra)였다고 합니다. 그는 1519년 황제가 된 이후 56세가 되던 1556년까지 37년간 권좌에 있었습니다. 따라서 종교개혁기의 권력자라고 할 수 있습니다.

카를 5세는 적어도 유럽 내에서는 평화롭게 권력을 쟁취했지만 그 권력을 유지하고 확고히 하기 위해서는 공수(攻守) 전쟁이 불가피했습니다. 이런 환경에서 정치적 이해관계에 얽혀 반대와 저항에 직면하기도 했습니다. 그에게 서쪽의 적수는 바로 프랑스의 프랑소와 1세(Francis I, 재임 1515-47)였습니다. 프랑소와 1세는 합스부르크 대국이 북·동 남쪽으로 프랑스를 포위하고 있다고 생각했습니다. 그의 입장에서는 부르군트 왕국과 북이탈리아에 대한 자신의 권리를 주장할 수밖에 없었습니다. 이런 적대의식이 카를 5세와의 대결을 불가피하게 했고, 1521년 시작되어 27년간 계속된 지리한 전쟁으로 발전했습니다. 물론 중간 중간에 휴전이 없지 않았으나 휴전은 변함없이 깨어졌습니다.

그런가 하면 남쪽에서는 교황이 카를 5세의 지배하에 둘러싸여 있다고 생각했습니다. 역대 교황들은 "교황이 태양이라면 황제는 달"이라고 비유하면서 세속권력에 대한 우위를 주장했지만, 카를 5세는 교황과 대결하고 있었습니다. 비록 카를 5세는 교황이 직접 왕관을 씌워 준 마지막 황제였음에도 불구하고, 카를 5세와 교황

사이에는 긴장이 있었습니다.

이렇듯 종교개혁기 유럽은 '황제'와 '프랑스 왕' 그리고 '교황'이 일정 부분 통치권을 행사하는 권력구도를 가지고 있었다고 볼 수 있습니다. 결국 이 세 권력자의 상호관계가 유럽의 역사는 물론, 종교적 상황에도 영향을 주었던 것입니다. 서로 대결하고 적대시하던 이 세 권력자 외에 또 하나의 군사적 힘은 남동쪽의 회교 세력, 곧 술탄 슐레이만(Suleiman) 2세였습니다. 그는 오스만 제국을 예상치 못한 전성기로 이끌었고, 발칸 반도로 돌진하여 유럽 사회에 충격을 주었습니다. 비록 황제, 프랑스 왕, 교황은 상호 대립했으나, 회교 즉 오스만 세력 앞에서는 연합하였습니다. 회교는 저들 모두에게 공동의 적이었기 때문입니다.

그렇다면 카를 5세는 종교개혁에 어떤 영향을 주었을까요? 카를 5세는 루터를 개인적으로 알고 있었습니다. 루터도 당연히 통치자 카를을 알고 있었습니다. 루터가 95개 조를 발표했을 때 카를은 17세였고, 루터가 보름스에서 이단으로 정죄되었던 1521년에는 21살에 불과했습니다. 1519년 황제 선거 당시 루터는 카를 5세에 대해 "하나님이 젊고 고귀한 청년을 지도자로 주었다."고 긍정적인 평가를 했습니다. 그러나 30년 뒤에는 "독일에는 지도자가 없습니다."라고 말했을 정도로 카를 5세를 부정했습니다. 루터를 부정하기는 카를도 마찬가지였습니다. 그는 훗날 "루터를 죽이지 못한 것은 잘못이었다."며 통탄해 했다고 합니다.

카를 5세는 수많은 전쟁을 통해 자신을 방어하는 데 몰두한 나머지 독일 내부의 문제에 대해 신경을 쓰지 못했습니다. 그는 프랑스로, 북이탈리아로 혹은 발칸반도와 로마, 튀니지로 진군하면서 항상 독일에 있지 않았습니다. 사실 독일에는 그의 관저도 없었고, 지방 순시 때 일시적으로 유하는 성(城)이 있었을 뿐입니다. 제국의회는 남독일의 제국도시에서 주로 개최되었습니다. 1500년 경 독일은 300여개의 통치지역으로 분산되어 있었는데, 선제후들의 협의체는 상당한 권력을 행사했습니다. 따라서 독일에서의 황제의 권력은 매우 제한적이었다고 할 수 있습니다. 이런 복잡한 독일 내의 정치구조 덕분에 황제의 영향력이 크지 않았고, 루터의 종교개혁은 보호받고 확장될 수 있었습니다. 이러한 배경에는 루터를 지지했던 선재후 프레드리히 3세의 역할이 적지 않았습니다. 프레드리히 3세에 대해서는 다음 항에서 소개하겠습니다.

오랜 통치와 전쟁에 지친 카를 5세는 1556년 퇴위를 결정하였습니다. 그는 부모로부터 물려받은 스페인의 통치권은 아들 펠리페 2세에게 양도하였고, 조부로부터 물려받은 신성로마제국의 통치권은 남동생인 페르디난트 1세에게 양도합니다. 신경쇠약 기색을 보였던 카를 5세는 1557년 2월초 스페인의 유스테 수도원으로 거처를 옮겨 은둔생활을 하던 중 1558년에 사망함으로 무대 뒤로 사라집니다. 카를 5세는 최고의 세속 통치자였으나 결과적으로 볼 때 루터의 개혁운동을 부정하거나 괴멸시키지 못한 일은 다행한 일이었습니다.

독일 작센의 선제후(選帝侯) 프리드리히 3세

개혁운동에 영향을 준 또 한사람의 세속 권력자는 독일 작센지방의 선제후(選帝侯) 프리드리히 3세(Friedrich III, 1463-1525, 재위 1486-1525)였습니다. 신성로마제국의 황제였던 프리드리히 3세(1415-1493)와 이름이 같기 때문에 혼동하는 경우가 있습니다만 생존 시기가 다릅니다.

'선제후'는 신성로마제국의 작위제도에서 으뜸가는 지위로서 제국의 황제를 선출하는 자격을 지닌 선거인단이라고 할 수 있습니다. 그래서 선거후(選擧侯)라고도 불렀습니다. 라틴어로는 '*Princeps Elector*'라고 하지만 영어로는 'Prince-elector'라고 부르고 독일어로는 쿠르퓌르스트(Kurfürst)라고 합니다. 위계상 신성로마제국의 봉건 제후들 가운데 왕 또는 황제 다음으로 높았습니다. 선제후는 성직 제후 3명과 세속 제후 4명 등 7명으로 구성되었습니다. 당시 성직 제후는 마인츠 대주교와 트리어 대주교, 쾰른 대주교였고, 세속 제후는 보헤미아 국왕(후에 오스트리아의 대공), 브란덴부르크 변경백(후에 프로이센 왕), 팔츠 궁중백 그리고 작센 공이었습니다. 이 작센 공이 바로 프리드리히 3세입니다.

따지고 보면 프리드리히 3세의 보호와 후원이 있었기 때문에 루터의 종교개혁이 가능했습니다. 현명하기로 이름이 나서 '현공'이라는 칭호로 불리기도 했던 그는 교양이 풍부하고 음악과 역사에도 관심이 많아 비텐베르크를 예술 활동의 중심지가 되게 했습니다. 그는 1502년 10월 18일 비텐베르크 대학교를 설립했고, 1508년에는 스타우피츠의 천거에 따라 루터를 교수로 초빙했습니다. 그는 열심 있는 로마 가톨릭교도였으나 루터를 보호하였고, 1521년에는 루터를 바트부르크(Wartburg) 성에 숨겨 주며 종교개혁을 후원했습니다. 왜 그랬을까요?

프리드리히는 작센 지방의 영주였습니다. 작센은 영어로 삭소니(Saxony)라고 부르는 독일 동부에 위치한 주였습니다. 루터의 주 활동지인 비텐베르크는 작센 주의 주요 도시였습니다. 프리드리히는 에른스트계 영주였고, 동생 게오르규는 알브레히트계 영주로서 두 형제가 작센지방을 분할 통치하였습니다. 선재후의 작위는 에른스트계가 차지하고 있었습니다. 그런데 동생 게오르규가 통치하는 작센에는 1409년에 설립된 라이프찌히 대학이 있었고, 1500-1505년 어간에는 학생 수도 750여명에 달했다고 합니다. 또 그곳에는 인쇄소나 서적상이 있어 문화의 꽃을 피우고 있었습니다.

그러나 프리드리히가 다스리는 작센에는 대학이 없었습니다. 그래서 프리드리히는 1502년 비텐베르크 대학을 신설하게 된 것입니다. 중세시대 군주들이나 영주들은 자기 지방에 대학을 세워 문화 발전을 도모했는데, 이런 전통이 구라파에 유서 깊은 대학이 설립된 이유였습니다. 당시 통치자들은 자기 지역에 대학이 있다는 것을 자랑으로 여겼습니다. 흔히 독일에는 '황제'가, 이탈리아에는 '교황'이, 프랑스에는 '파리 대학'이 있다는 점을 자랑하였습니다. 파리 대학에 대해서는 하늘은 양피지요, 바다는 잉크요, 하늘의 별들은 파리 대학 교수들이라고 노래할 만큼 자부심이 높았습니다. 이처럼 파리 대학을 중시했기에 이 대학이 중세문화를 꽃피우는 거점이 된 것입니다.*

---

*   이와 관련한 정보는 김성식의 "영주와 대학"에서 많은 도움을 입었다. 김성식, 『갇혀있던 양심, 묶여있던 진실』(제3기획, 1987), 178-188.

16세기 초 당시 비텐베르크는 인구 2천 정도의 소도시에 불과했으나 프리드리히는 이곳에 대학을 설립하고 어거스틴파 수도원이나 이곳 교회당을 대학 시설로 이용했습니다. 첫 입학생 수는 50여 명에 불과하였으나 입학생 수가 증가하자 민가 사이에 대학 건물을 세웠습니다. 프리드리히는 대학을 설립하면서 어거스틴파 수도원장 스타우피츠(J. Staupitz)에게 유능한 인재를 모셔오도록 부탁했습니다. 그 결과 요한 크뤼넨베르크, 루터에게 헬라어를 가르친 인문주의자 요한 랑크, 교회법을 가르친 칼슈타트, 그리고 1508년에는 루터까지 교수로 초빙한 것입니다. 프리드리히는 위대한 히브리어학자 요하네스 로이힐린(Johannes Reuchlin, 1455-1522)을 초빙하려 했으나 여의치 않게 되자 1518년에는 그의 손자뻘 되는 21살에 불과한 멜란히톤을 헬라어 교수로 초빙하였습니다. 이때부터 학생 수가 비약적으로 증가하여 1518년에는 입학생 수가 242명으로, 1521년에는 579명으로 증가했습니다.* 이 무렵 루터의 강의실에는 400여명이, 멜란히톤의 강의실에는 600여명의 학생들이 운집하는 장관을 이루었다고 합니다.

교수 다음으로 중요한 것은 도서관이었으므로 프리드리히는 고사본(古寫本) 등 문서 수집을 시작했고, 1512년에는 도서관을 만들었

---

* 이광주, 『대학사』(민음사, 1997), 261.

습니다. 고사본 중 진본은 철사로 매어 분실에 대비하였는데, 이런 전통은 그 후 오랫동안 계속됩니다. 선제후 자신이 기증한 도서가 3천 132권에 달했습니다. 이중 1천 756권은 2절판 크기였고, 626권은 4절판, 607권은 8절판, 나머지 22권은 12절판, 곧 4.6판 크기였다고 합니다. 도서관은 점차 크게 확장하였고, 연 1백 굴덴으로 도서를 구입하게 하였습니다. 이런 노력의 결과로 비텐베르크 대학 도서관은 종교개혁에 커다란 공헌을 한 것으로 평가되고 있습니다.

선제후 프리드리히는 대학 교수들을 선대했습니다. 1536년 규정에 의한 연봉은 1913년 기준으로 볼 때 신학부의 요나스에게는 1천 350불을 지급한 반면에 루터와 멜란히톤에게는 4천 200불을 지급했다고 합니다. 문과(교양학부)의 헬라어, 히브리어, 라틴어 교수들이나 수학 혹은 물리를 가르친 교수들에게 1천 100불에서 1천 300불을 지급한 것에 비하면 루터에 최상의 대우를 했음을 알 수 있습니다. 프리드리히는 루터가 박사학위를 받을 때도 재정적으로 지원하였고, 1540년 610굴덴으로 농장을 매입할 때도 600굴덴을 후원해주는 등 여러 혜택을 베풀었다고 합니다. 그래서 루터의 재산이 상당했던 것으로 알려져 있습니다. 비록 비텐베르크 대학은 1817년 할레 대학에 합병되었으나 16세기 유럽에서 명성을 얻었던 것은 이런 프리드리히의 헌신적인 노력과 인재와 도서를 귀중히 여겼던 결실이었습니다.

　사실 종교개혁의 전개과정에서 프리드리히가 루터에게 베푼 은덕은 적지 않습니다. 그의 후견이 결과적으로 종교개혁을 가능하게 했다고 볼 수 있습니다. 1521년 1월 3일 루터가 이단으로 정죄되기 이전에 교황측 대사 알레안더는 프리드리히에게 루터를 인도하라고 요구했습니다. 프리드리히는 이 요구에 응하지 않고 자기가 설립한 대학의 교수인 루터를 보호해 주었습니다. 루터가 보름스 제국의회에서 정치적으로 이단으로 정죄되었을 때에도, 그를 루터를 로마로 압송하든가 작센에서 추방하라는 요구를 받았습니다. 그러나 프리드리히는 보름스에서 비텐베르크로 돌아가는 여정의 튀링겐 삼림지대에 기사를 매복시켰다가 루터를 납치해 바트부르크 성에 숨겨 주었습니다. 심지어 교황청은 선제후 프리드리히에게 루터를 로마로 이첩해 줄 경우 추기경을 지명할 수 있는 권한을 주고, 곧 있을 황제 선거에서 그를 후원하겠다는 정치적 거래를 시도하였습니다. 그러나 프리드리히는 자기희생을 감내하면서까지 자기가 설립한 대학의 교수를 지켜주었습니다. 이런 일은 그 후에도 있었습니다. 프리드리히의 이런 배려가 없었다면 루터는 잡혀서 죽었을 것이고, 교회개혁은 심각한 타격을 입었을 것입니다.

교황 레오 10세

16세기 로마는 유례없는 호화로운 세상 연락(宴樂)으로 막을 열었습니다. 교황 율리오 2세(Julius II, 1503-1513)가 당대의 유명한 예술가들에게 거대한 대성당 건설과 바티칸의 인테리어를 주문하면서 황금시대가 시작된 것처럼 보였습니다. 르네상스 시대 유명한 화가나 조각가 혹은 건축가들 대부분은 교황에게 기용되거나 교황의 후원을 받았습니다. 교황 율리오 2세는 미켈란젤로, 라파엘로, 브라만테(Donato Bramante) 같은 예술가를 기용하였고 당대 최고의 건축가였던 브라만테의 제안으로 성 베드로 성당 신축을 시작했습니다. 또한 미켈란젤로를 시켜 시스티나 성당에 벽화를 그리게 하는 등 로마를 장식하기 시작했습니다. 호화로운 치장 밑바닥에는 사치와 방종이 자리하고 있었고, 곧 불어 닥칠 위기가 내재되어 있었습니다.

율리오가 죽은 지 채 5년이 못되어 로마를 경악케 할 엄청난 사건이 독일에서 발생합니다. 그것이 바로 종교개혁이었습니다. 독일의 수도사 루터는 1,500여 년 동안 믿어왔던 교회를 부정하고 무소불위의 권력자인 교황을 적그리스도라고 공격했습니다. 독일과 스위스에서 시작된 이 새로운 물결은 유럽의 여러 나라를 휩쓸며 여러 지역으로 확산됩니다. 이런 발전에 대해 유럽의 통치자 카를 5세 조차도 불안을 감추지 못했다고 합니다.

그러면 종교개혁에 대한 논의에서 중요한 위치를 차지하는 이 시기의 교황은 누구였을까요? 현재의 프란체스코 교황(1936-)을 포함하여 지금까지 역사상 266명의 교황과 39명의 대립교황이 있었습니다. 이 가운데 종교개혁이 일어날 당시 교황은 바로 레오 10세(Leo X, 1475-1521)입니다. 217대 교황으로 불리는 레오 10세는 본명이 조바니 데 메디치(Giovanni de Medici)로서, 1475년 12월 11일 피렌체에서 출생했습니다. 귀족 출신인 그는 당대의 석학들에게 교육을 받았고, 13살 때 사제(司祭)도 아닌 부제(副祭)로서 추기경이 되었습니다. 청년기에 독일, 프랑스, 네델란드 등을 여행하여 식견을 넓혔고, 1500년 로마로 돌아와 문학과 음악 등 예술에 심취하기도 했습니다.

전임 교황 율리오가 사망하자 조바니는 당시 지지가 높던 라파엘로 리아리오(Raffaello Riario) 추기경을 속여 협정을 맺고 자신을 지지해 주도록 요청합니다. 심한 치질로 고생하던 조바니는 종기를 잘라내고 더 심하게 아픈 듯 행세하여 자기에게 표를 몰아줄 것을 설득했습니다. 리아리오 추기경은 조바니가 교황이 되더라도 곧 죽을 것이고, 그렇게 되면 자신이 교황이 될 수 있다는 기대에서 조바니를 지지하게 한 것입니다. 결국 조바니는 1513년 3월 11일 37세의 나이로 교황으로 선출되었고, 3월 15일 신품을 받고 이틀 후 주교가 된 후 레오 10세로 불리게 됩니다. 독일에서 루터의 개혁이 시작되기 4년 7개월 전이었습니다. 리아리오 추기경은 훗날 자신이 속은 것을 알고 1517년 레오 10세를 독살하려고 했으나 실패합니다. 이 독살음모로 여러 추기경들이 처형되거나 살해되었고, 교황자리를 노리던 리아리오는 벌금을 내고 유배되었습니다.

 출발부터 공의롭지 못한 레오 10세는 문제의 교황이었습니다. 교황으로 선출된 것을 가문의 영광으로 여겨 미켈란젤로에게 납골예배당(사크리스티아 누오바) 설계를 주문했고, 두 개의 웅장한 조각상을 건립했습니다. 그는 처음부터 사치했고 교황청의 돈을 낭비했습니다. 교황으로 선출된 그는 "하나님이 나에게 교황직을 선물로 주셨으니 마음껏 누리자."라고 말했다고 알려져 있습니다. 그 첫 '누림'이 3월 19일 거행된 성대하고도 화려한 대관식, 곧 취임식이었습니다. 추기경이 레오 10세에게 삼중으로 된 면류관을 씌워주면서 말했습니다. "이제 당신은 왕자들의 아버지이자 지상의 통치자입니다. 세 개의 왕관이 합쳐진 이 삼중 면류관을 받으소서. 당신은 우리를 대신할 예수의 주교입니다."

대관식 날 레오 10세는 금실(金絲)로 짠 옷을 입고 진주로 장식된 보석을 목에 걸고 터키에서 수입한 백마를 타고 군중 앞으로 걸어 갔습니다. 대관식에 참석하기 위해 모인 국왕과 귀족 등 2,500여 명이 그의 뒤를 뒤따랐습니다. 로마의 신과 깃발이 장식된 조각상과 고대 로마광장을 지나 러틀랜드(Rutland) 궁에 도착했습니다. 화려하게 장식된 아치형 문을 통과한 그는 교황좌에 앉아 자신의 위엄을 드러냈고, 그날 저녁 성대한 파티를 열었습니다. 축하의 불꽃이 훨훨 타올랐고, 최상의 음식이 공급되었습니다. 이날 파티에 금화 10만 냥이 소요되었는데, 전임교황이 남겨준 교황청 재산의 4분지 1을 허비한 것이라고 합니다.

천주교측 자료에서는 레오 10세를 가리켜 "인생을 즐길 줄 알았다."고 표현하고 있지만 레오 10세의 사치는 계속됩니다. 교황청 재산의 탕진은 필연적으로 재정 고갈을 가져왔습니다. 그것을 해결하기 위해 성직을 매매하고 면죄부를 판매하게 된 것입니다. 곧 교황이 된지 2년 후인 1515년 3월 31일, 레오 10세는 대사면을 선포하고 소위 '면죄부'(免罪符)를 발행했습니다. 신의 처벌을 면해준다는 것이었으므로 '면벌부'(免罰符)라는 말이 옳을 것입니다.

독일의 부유한 알브레히트(Albrecht)는 이미 마그데부르크와 브란덴부르크의 대주교직을 차지하고 있었습니다. 그런데 그는 마인

쯔 교구까지 차지하기 위해 면벌부 판매 수입의 절반은 자신이 취하고, 절반은 교황에게 바치기로 합의했습니다. 판매 실무는 도미닉 수도회 수도사인 요한 테첼(Johann Tetzel, 1470-1519)에게 맡겼습니다. 이것이 개혁이 일어났던 현실적인 환경이었습니다. 면벌부가 판매되기 시작한지 2년 7개월이 지난 1517년, 루터는 95개 조를 게시하고 이의 부당성을 공격한 것입니다. 다음 장에서 자세히 설명하겠습니다만 95개 항의 요약문이 1518년 초 교황청에 보고되었고, 교황은 루터가 속한 어거스틴파 수도회 총장에게 루터를 침묵시키도록 조치했으나 허사였습니다. 요한 엑크가 루터에게 도전하여 토론을 전개했으나 사태는 심각하게 발전합니다. 교황은 루터의 95개 중 41개 조를 단죄하자(Exurge Domine) 루터는 교황의 칙서를 불태웠습니다. 이에 교황은 1521년 1월 3일 칙서(Decet Romanum Pontificem)를 내려 루터를 파문했습니다. 루터는 교황에 의해 그리고 그해 4월에는 제국의회를 통해 공식적으로 이단이 되었으나 개혁의 불길은 막지 못했습니다.

교황청은 루터를 비난하고 공격했던 중심이었습니다. '교회의 통일을 파괴한 반란자, 주님의 포도원을 허무는 산돼지, 수도원주의의 기초를 파괴한 반항심 가득한 수도사…….' 이런 비난은 점잖은 비난입니다. 이탈리아인으로 도미닉 수도사이자 교황청 신학자인 실베스터 마졸리니(Sylvester Mazzolini, 1456/1457 1527)는 교황 유오설을 주장한 루터를 대항하여 『마르틴 루터의 건방진 조항을 반박하는 대화』라는 소책자를 출판하고, 루터를 "놋 대가리와 쇠로 된 코를 가진 문둥병자"라고 비난했습니다. 그는 보름스 제국의회에서 루터를 심문할 때 신문관이었습니다.* 후일 루터의 대적들은 그가 죽기를 기도했고, 급기야 1545년 초에는 그가 죽었다고 세상에 알리는 거짓 부고가 네이플즈에서 인쇄되어 유포되기까지 했다고 합니다. 단순한 부고가 아니라 그 속에는 온갖 험담이 포함되어 있었습니다.

교회개혁 운동의 확산에도 불구하고 교황은 사치했고, 과도한 소비욕구로 교회를 낭떠러지로 몰고 갔습니다. 추기경직을 매매하고 면벌부로 벌어들인 돈으로 유흥을 즐기며 성 베드로 성당을 재건했습니다. 심지어는 십자군 원정도 추진했습니다. 감각적 쾌락을 우선시했던 레오 10세는 르네상스 군주처럼 행동했고, 신에 대한 경외심은 찾아 볼 수 없었습니다. 이것이 당시 교황과 교황청의 실상이었고, 이런 상황에서 교회개혁은 불가피 했습니다.

교황은 자기를 살해하려는 음모가 드러난 여러 추기경들을 처형하고 유배를 보낸 후, 1517년 7월 자기심복 31명을 추기경으로 임

---

* 　그의 대표적인 저작으로는 *De juridica et irrefragabili veritate Romanæ Ecclesiæ Romanique Pontificis*(Rome, 1520), *Epitoma responsionis ad Lutherum*(Perugia, 1519), *Errata et argumenta M. Lutheri*(Rome, 1520), *Summa Summarum, quæ Sylvestrina dicitur*(Rome, 1516) 등이 있다.

명하며 보호 장벽을 구축했습니다. 그러나 그것이 자신의 건강까지 지켜주지는 못했습니다. 1521년 10월 25일 레오 10세는 중병에 걸렸고, 12월 1일 의식을 잃고 그날 자정에 숨을 거뒀습니다. 8년 8개월 22일간 종교권력의 정상에서 영화를 누렸으나 그는 '사도의(apostolic), 거룩한(holy), 보편적인(catholic)' 교회의 지도자가 아니었습니다. 그의 영화는 한낱 봄날의 꿈(一場春夢)이었고, '뜬세상 영화'에 불과했습니다. 이렇게 교황과 교황청의 타락 또한 개혁을 재촉하고 있었던 것입니다.

제5장
루터와 독일에서의 개혁

　　　　이제부터 16세기 개혁의 역사를 인물 중심으로 살펴보되 국가별로 소개하도록 하겠습니다. 비록 루터가 종교개혁이라는 거대한 세계사적 변혁을 의도하지도, 예견하지도 못했다할지라도 이 개혁운동은 1517년 루터의 '95개 조 사건'으로부터 시작되었다는 것은 부인할 수 없습니다. 그 이후 루터는 거의 30여 년간 이 개혁운동의 주도적 인물이었다는 점에서 종교개혁에 관한 논의를 루터로부터 시작하는 것은 매우 자연스럽다고 하겠습니다.

개혁자
루터

　　루터는 1483년 11월 10일 프로이센 작센 지역의 아이스레벤(Eisleben)이란 곳에서 7남매 중 장남으로 태어났습니다. 그 다음날, 곧 성 마르틴(St. Martin)일에 영세를 받게 되었으므로 그의 이름을 마르틴 루터(Martin Luther, 1483-1546)라고 부르게 된 것입니다. 루터의 가족은 1483년 봄, 아이스레벤에서 멀지 않는 아이제나흐(Eisenach)로 이사하게 되었고, 이곳에서 루터의 학교교육이 시작됩니다. 그는 1488년 이후 9년간 만스펠트(Mansfeld) 라틴어학교에서 수학합니다. 루터가 14살 때인 1497년에는 사촌형과 함께 마그데부르크(Magdeburg)로 옮겨가 1년간 체류하며 '공동생활 형제단'(Brueder vom Gemeinsamen Leben)이 운영하던 학교에서 공부합니다. 그 후에는 다시 아이제나흐로 돌아가 성 조지 라틴학교에서 1501년까지 공부합니다. 이 기간 동안 중세교회의 경건과 함께 라틴어 등 인문주의 교육을 받았습니다.

　　루터는 1501년 5월에 에르푸르트(Erfurt) 대학에 입학했습니다. 이 대학은 1392년에 설립된 대학으로 문과와 법과 그리고 신학부는 독일에서도 명성을 얻고 있었습니다. 이 대학에서 중세 전통에 따라 3학(the trivium: 문법, 논리, 수사학)과 4과(the quadrivium: 산수, 기하, 천문, 음악)를 공부하게 됩니다. 당시 이 대학은 유명론(Occamism, 곧 *Via Moderna*)으로 명성을 얻고 있었는데, 루터는 여기서 옥캄의 후예인 비엘(G. Biel)에게서 큰 영향을 받습니다. 1505년 2월에는 이 대학에서 문학석사 학위를 받게 됩니다. 그 이후 아버지의 소원을 따라 법률공부를 하고자 했으나 1505년 7월 2일 에르푸르트 근방 스토턴하임(Stotternheim)이라는 곳에서 친구가 벼락에 맞아 죽는 것을 경험하게 됩니다. 친구의 죽음을 목격하고 루터는 수도사가 되기로 결심했고, 2주 후인 7월 17일 어거스틴파 수도원에 입단합니다. 짧은 견습의 과정을 마치고 1506년 수도(修道)의 맹세를 했고, 1507년 2월 27일 사제가 되었습니다.

루터는 수도생활에 최선을 다하고 교회의 의식을 따랐으나 마음의 평화를 누리지 못하고 번민하였습니다. 그 때 그에게 영적 안내자의 역할을 감당한 사람이 수도원 원장이자 비텐베르크 대학 성서신학 교수였던 스타우피츠(J. Staupitz)였습니다. 그는 루터를 뛰어난 지력과 종교적 열심을 갖춘 유능한 청년으로 인정하고, 1502년에 설립된 비텐베르크 대학에 교수가 되도록 선제후(選帝侯) 프레드리히에게 천거하였습니다. 그 결과 루터는 1508년부터 이 대학 강단에서 가르치게 됩니다.

1512년 10월 루터는 비텐베르크 대학에서 신학박사 학위를 받았고, 또 대학에서 신학을 가르칠 수 있는 자격(Licentia Magistralis)을 얻어 교수가 되었습니다. 연로한 스타우피츠 자리를 대신하게 된 것입니다. 이런 과정에서 루터는 구원에 관한 심각한 고민과 갈등을 경험하였고, 성경연구를 통해 복음적 진리, 곧 믿음으로 말미암는 구원의 진리를 깨닫게 된 것입니다. 시편강의를 시작으로(1513-15) 로마서(1515), 갈라디아서, 히브리서 그리고 다시 시편을 강의하는 중에 깨닫게 된 것입니다. 특히 로마서 연구를 통해 믿음으로 말미암는 구원을 깨닫게 되었습니다. 이 깨달음을 재미있게 표현하여 '탑의 경험'(Turmerlebnis)이라고 말하는데 아마도 1515년 이후로 볼 수 있습니다.

면죄부 논쟁,
초기 저술활동

　　　　　루터가 '95개 조'를 게시한 날은 1517년 10월 31일이었지만 이 문서를 동료들에게 보낸 날은 11월 11일이었습니다. 곧 독일어로 번역된 인쇄본이 각처로 전달되었고 한 달이 채 안되어 유럽에 보급되면서 엄청난 파장을 불러 일으켰습니다. 95개 항으로 구성된 이 문서의 주된 내용은 성경적 회개의 의미를 설명한 후 면죄부의 잘못된 동기와 무효성을 주장한 것입니다. 또한 교황(사제)의 사죄권과 공로사상을 부인하고, 그리스도만이 우리의 죄를 사해 줄 수 있는 유일한 분임을 천명한 것입니다. 이 문서의 내용을 간략하게 정리하면 다음과 같습니다.

1-7항: 성경적으로 본 회개의 의미
8-29항: 연옥에 있는 영혼을 위한 면죄부의 부당성에 대하여
30-80항: 살아있는 자를 위한 면죄부에 대하여
81-91항: 면죄부 판매에 대한 비판과 반대
92-95항: 면죄부 판매의 그릇된 동기에 대하여

결국 95개 조는 예수그리스도로 말미암는 구원을 강조하고 교황의 사죄권과 공로사상을 비판한 문서라고 할 수 있습니다. 루터는 82항에서 교황이 지금 당장 연옥을 비울 능력이 있다면 왜 그렇게 하지 않느냐고 물었고, 86항에서는 가난한 이들에게 면죄부를 팔아 그 돈으로 로마에 호화로운 성당을 건축하는 일이 온당하냐고 물었습니다.

이 문서가 전파되자 루터는 엄청난 공격을 받았습니다. 도미니크회 수도사 실베스트로 마졸리니(Silvestro Mazzolini da Prierio)는 "교황의 권한에 대해 결론을 내린 마르틴 루터의 오만함에 대하여"(*In praesumptuosas Martini Lutheri conclusiones de potestate papae*)를 저술하여 루터를 공격했습니다.* 루터는 자신의 입장을 재천명하지 않을 수 없었습니다. 그것이 '95개 논제에 대한 해설'인데, '교황 레오 10세에게 드리는 글'이라는 부제로 출판되었습니다. 이 책에서 루터는 자신은 교황에게 도전할 의도가 없고 또 교회의 권위를 훼손할 의도도 없다는 점을 말하면서 자신을 변명했습니다. 이른바 팜프렛 전쟁(guerre des Pamphlets)이 시작된 것입니다. 그러나 이 사건은 교황과 교회에 대한 도전으로 나아갔고, 교회개혁의 역사로 발전해 갔습니다.

루터는 독일어로 최초의 소책자 "면죄부와 은총에 관한 설교"를 출간했습니다. 1518년 한 해 18쇄 본이 나왔는데, 매번 1,000부 가량 찍었으므로 18,000부 이상 인쇄된 것입니다. 책 한 권 가격이 닭 한 마리 값에 해당했는데 책이 '팔렸다'기 보다는 책을 '빼앗아 갔다'고 역사가들은 말하고 있습니다.

---

* 이 책에서 저자는 루터를 공격하기 위해 루터의 95개 조 전문을 그대로 재수록 하였는데, 교황청 당국은 이런 스콜라적 논쟁기법이 유해한 결과를 가져온다고 여겨, 설사 반박하기 위한 것이라 할지라도 이단 텍스트를 인용해서는 안 된다는 금지령을 내렸다. 로제 샤르티에, 굴리엘모 카발로 엮음, 『읽는다는 것의 역사』(한국출판마케팅연구소, 2006), 376, 666.

각처에서 논쟁이 일어났고 루터에 대한 비난이 들끓었습니다. 1518년 4월 26일 루터가 속한 어거스틴파 수도회 총회가 독일 남부 팔츠의 수도 하이델베르크에서 개최되었습니다. 루터는 40개 항목의 논제를 제출하고 토론에 임했습니다. 이때의 토론을 흔히 '하이델베르크 논쟁(Heidelberg Disputation)이라고 부릅니다. 여기서 루터는 당시 교회의 공로사상을 거부하고 이신칭의의 교리를 제시합니다. 이 토론회에서 루터는 마르틴 부써(Martin Bucer)와 요한 브렌츠(Johann Brenz), 그리고 빌리카누스(Theodore Billicanus) 등 세 사람의 동료를 얻게 되었습니다. 이들은 루터의 동료로서 상호 영향을 주고받았고, 이들을 통해 복음주의 신학은 널리 보급될 수 있었습니다.

1519년 6월 27일부터 약 두 주간 동안 라이프찌히에서 루터는 잉골스타트 대학의 엑크(Johann Mayr Eck, 1486-1543)와 토론하게 됩니다. 이 토론을 흔히 '라이프찌히 논쟁'(Leibzig Debate)이라고 부릅니다. 엑크는 루터보다 우수한 로마교 학자였으며 교황의 신적 권위, 연옥교리, 면죄부와 고해성사가 논쟁의 중요한 주제였습니다. 이 논쟁에서 루터는 성경이 최고의 권위이므로 성경보다 교회의 우위성을 말하는 것은 잘못임을 지적하고, 교황의 신적권위를 부정했습니다. 엑크는 콘스탄스 교회회의(Constance, 1415)에서 이단으로 정죄된 위클리프와 후스의 사상이 루터를 통해 다시 나타났다고 주장하며,

후스를 버리든지 콘스탄스교회 회의의 권위를 부인하든지 양자택일 하라고 요구하였습니다. 그러나 루터는 교회회의도 과오를 범할 수 있음을 주장하고 후스를 처형한 것은 오류였다고 지적했습니다. 이 토론에서 루터는 후스파 이단이라는 공격을 받았지만 '오직 성경', 성경이 교부들이나 교회회의보다 우선한다고 주장했습니다.

루터 사건은 확산되고 사태는 심각해집니다. 루터는 자신의 입장을 제시해야 할 필요 때문에 1520년 한 해 동안 3가지 작품을 발표합니다. 8월에 출판한 『독일 크리스천 귀족에게 보내는 편지』에서는 성직자와 평신도 사이에 본질적인 차이가 없다는 점, 곧 만인 제사장직을 주장했습니다. 특히 이 글에서 세 가지, 즉 영적 문제에 있어서 교황의 절대권, 교황만이 성경을 해석할 수 있다는 주장, 교황만이 교회 회의를 소집할 수 있다는 주장을 비판했습니다. 이 책은 출판 닷새 만에 4천 부가 팔렸다고 합니다.

1520년 10월에 출판한 『교회의 바벨론 유수』에서는 천주교의 성례전을 비판했습니다. 세례와 성찬 외의 5가지 성례(聖事, 곧 고해, 견진, 임직, 혼인, 종유)는 성경적 근거가 없으므로 폐지해야 한다고 주장한 것입니다. 이 글에서 루터는 천주교의 화체설(化體說, transubstantiation)을 부정했습니다. 화체설이란 사제가 축복하고 떡과 잔을 나눌 때 그 겉모양은 그대로이지만 본질의 변화가 나타나 떡과 포도주가 예수님의 살과 피로 변화된다는 주장입니다. 루터는 화체설을 비판하고 자신의 성찬관인 공재설(共在說, consubstantiation)을 주장했습니다. 루터가 '공재설'이라는 용어를 사용한 일은 없습니다만, 성찬의 떡과 잔이 예수님의 살과 피로 바뀌는 것이 아니라 예수 그리스도께서 떡과 잔과 함께 계신다는 실재적 임재를 말한 것입니다. 그래서 이 주장을 공재설이라고 부르게 되었습니다. 루터의 주장은 단순합니다. 예수님께서 "이것은 내 몸이니"라고 말했기 때문에 그대로 믿어야 한다는 것입니다. 이 루터의 저서를 처음으로 비판한 인물이 영국의 왕 헨리 8세였습니다.* 이 일로 헨리 8세는 교황으로부터 '신앙의 수호자'라는 칭호를 얻었습니다.

또 한 권의 소책자 『그리스도인의 자유에 관하여』는 루터와 교황청과의 대립이 심화되고 있을 때, 작센의 젊은 귀족 밀티스(Karl von Miltitz)는 양자 간을 중재하려는 의도로 루터에게 종교개혁의 신학을 해명하는 글을 요청하였고, 이에 응하여 유화적으로 쓴 작품이 바로 이 소책자입니다. 1520년 11월 말에 출판된 이 책에서 루터는 그리스도 안에서 믿음으로 얻는 자유에 대해 말합니다. "그리스도인은 아무 것에도 종속되지 아니한 자유로운 존재이다. 그리스도

---

* 이 글의 제목은 "마르틴 루터에 대항한 7성사의 옹호"(*Assertio septem sacramentorum adversus Martinum Lutherum*)였다.

인은 만민에게 봉사하며 섬기며 모든 것에 종속된다."라는 두 가지 명제를 제시합니다. 상호 모순처럼 보이지만 이 글에서 루터는 참된 신앙은 영적 노예상태에서 신자를 해방시키고, 이웃에 대한 사랑과 봉사를 다하는 것임을 천명한 것입니다. 이 세 편의 글 외에도 1520년 5월에 쓴 『선행에 관하여』 또한 믿음과 선행의 관계를 설명하고 공로사상을 배격한 소중한 작품으로 알려져 있습니다.

루터의 파문

　　루터에 대한 파문은 피할 수 없었습니다. 이미 1518년 8월 교황 레오 10세는 루터를 체포하도록 명령했고, 1520년 6월 15일자의 교서 '주여 일어나소서'(*Exsurge Domine*)에서 루터의 모든 저서를 불태우도록 명했습니다. 이런 중에서도 각종 토론과 출판이 계속되었고 교회개혁의 불길은 확산되고 있었습니다. 루터는 자기의 입장을 취소하지 않았고, 도리어 그해 12월 10일 교황의 교서를 불태웠습니다. 이렇게 되자 교황은 1521년 1월 3일 루터를 로마 가톨릭교회에서 영원히 추방하는 최후의 파문장(*Decet Romanum*

Pintigicem)을 공포했습니다. 이제 루터는 다시 돌아갈 수 없는 홍해를 건넜고 교회개혁의 출애굽 사건은 새로운 단계에 들어서게 된 것입니다. 이런 상황에서 쓴 글이 앞에서 소개한 네 가지 작품들입니다.

1519년 황제 막시밀리안 1세가 죽자 그해 6월 28일 신성로마제국 황제로 선출된 카를(Karl) 5세는 교황의 환심을 사기 위해 루터로 제기된 종교적인 문제를 해결하고자 합니다. 그리하여 1521년 3월 6일 루터를 보름스 제국회의에 소환하는 문서를 발표하게 합니다. 카를 5세는 1500년생이었으므로 이때 그의 나이는 21세에 지나지 않았습니다. 루터를 지켜주었던 선제후 프레드리히 등은 보름스에 가지 말 것을 권고하였으나, 루터는 "복음을 불경건한 자들의 조소거리로 만들지 않기 위해" 제국회의에 출두하기로 작정합니다. 루터는 4월 2일 비텐베르크를 떠나 보름스에 이르는 약 700km의 긴 여정에 올랐습니다. 약 2주일간의 여행을 마치고 보름스에 도착한 날은 4월 16일이었습니다. 제국회의에는 황제 카를 5세, 일곱 명의 선제후들, 추기경과 교회지도자들, 이 지역의 관리들, 외국의 대사 등 지도적 인물들이 대거 참여하였고, 약 5,000명에 달하는 군중들이 회의장 안팎에 운집하고 있었습니다. 루터는 4월 17일 수요일 오후 제국회의에 출두했습니다.

트리에르(Trier)의 주교 서기인 요한 엑크(루터의 라이프찌히에서의 논적, 요한 엑크와 동명이인임)는 루터에게 두 가지 질문을 했습니다. 첫째는 제국회의 석상의 탁자 위에 수집해 둔 20여권의 책들이 루터 자신의 저서들임을 인정하는가, 둘째는 그 책의 내용을 철회할 수 있는가 하는 것이었습니다. 루터는 그 책들이 자신의 저서임은 인정하였으나, 두 번째 질문에 답하기 위해서는 시간이 필요하다고 요청하고 하루를 허락받았습니다. 다음 날(4. 18) 저녁 6시 제국회의에 다시 출두한 루터는 철회를 거부하고 이렇게 말했습니다. "성경과 명백한 이성에 따라 확신을 갖게 되지 않는 한 나는 교황과 교회 회의를 인정하지 않습니다. …… 나의 양심은 하나님의 말씀에 사로잡혀 있습니다. 나는 아무것도 취소할 수 없고 또 철회하지도 않겠습니다. 양심을 거역하는 일은 옳지도 않고 안전하지도 않기 때문입니다."

종교개혁에 관한 아주 오래된 초기 기록에 보면 루터는 독일어로 다음과 같이 말함으로 그의 답변을 끝냈다고 합니다. "내가 여기 섰습니다. 나는 달리 말할 수 없습니다. 하나님이여, 나를 도우소서. 아멘"(Hier stehe ich, ich kann nicht anders, Gott helfe mir, Amen).

결국 루터는 제국회의를 통해서도 이단으로 확정되었고, 그에게 음식이나 숙소를 제공하는 것을 금하는 황제의 파문칙령은 5월 26일부터 발효됩니다. 그는 하나님의 포도원의 야수, 사악한 이단이

되어 법의 보호를 받을 수 없게 된 것입니다.

루터에 대한 극한 비난이 뒤따랐습니다. 요하네스 코클라이우스(J. Cochlaeus)는 루터가 술과 여인을 갈망했고, 거짓말쟁이며 위선자이고 겁쟁이라고 비난하면서, 그에게는 독일인의 피가 한 방울도 없다고 했습니다. 심지어 루터의 어머니 한나는 공중목욕탕의 하녀(창녀라는 의미)였고, 악마와 섹스를 즐겼다고 주장했습니다. 이것은 루터가 인간의 자식이 아니라 사탄의 소생이라는 점을 강조하기 위한 것이었습니다.

바트부르크 성에서의 은거,
신약성경 번역

이단으로 정죄된 루터는 1521년 4월 26일 보름스를 떠나 귀로에 올랐습니다. 작센의 프레드리히는 위험에 처한 루터를 은밀히 아이제나흐 주변에 있는 바트부르크(Wartburg) 성에 숨겨줍니다. 비텐베르크 대학의 설립자이기도 했던 프레드리히는 자기 대학의 교수인 루터를 보호해 준 것입니다. 이런 도움은 이때가 처음이 아닙니다. 1521년 1월 3일 루터가 이단으로 정죄되었을 때 교황

측 대사 알레안더는 선제후(選帝侯) 프리드리히에게 루터를 인도하라고 요구했습니다. '선제후'란 독일황제 선거권을 가졌던 일곱 사람의 제후를 의미합니다. 알렉안더는 루터를 로마로 이첩해 줄 경우 추기경을 지명할 수 있는 권한을 주고, 곧 있을 황제 선거에서 그를 후원하겠다는 정치적 거래를 시도하였습니다. 그러나 프리드리히는 이를 거절했습니다. 이번에도 프레드리히는 은밀히 루터를 보호한 것입니다. 이런 섭리적 은혜가 없었다면 루터는 잡혀서 죽었을 것입니다.

바트부르크 성에서 루터는 1522년 3월까지 11개월 동안 은거했습니다. 신변의 안전을 위해 기사(騎士)로 변장하고 '융케르 게올그'(Junker Georg)라는 가명을 사용하기도 했습니다. 유명한 화가 루카스 그라나흐의 1521년도 작품 '융케르 게올그'는 이때의 루터에 대한 초상화입니다.

이 기간 루터는 건강이 좋지 못했으나 열 두 권의 소책자를 집필했습니다. 특히 에라스무스(Erasmus)가 1516년 편집한 헬라어 신약성경을 독일어로 번역한 일은 소중한 기여였습니다.* 성경에 대한

---

* 에라스무스가 1516년 그리스어 신약성경을 출판한 일은 신학사에서 중요한 의미를 지닌다. 가톨릭교회가 1천여 년이 넘는 기간 동안 히에로니무스(제롬)가 번역한 라틴어 불가타(Vulgate)역을 표준판으로 사용했는데, 그리스역을 출판한 일은 교회의 권위에 대한 도전이었으므로 보수적인 성직자들을 경악케 했다. 그러나 에라스무스는 그리스역 신약성경을 '새로운 원천'(Novum Instrumentum)이라고 불렀고, 이 책을 교황 레오 10세에게 헌정했다. 이 후판에는 "우리는 귀하의 노력의 산물에서 많은 즐거움을 얻노라. …… 이것이 신앙과 정통 신

무지가 교회 부패의 원인이라고 보았던 루터는 자국어 성경번역을 중요한 과제로 삼았던 것입니다. 번역은 1522년 2월에 완성했으나 출판된 때는 1523년 9월이었습니다. 루터가 동료들의 도움을 입고 구약까지 번역 출판했을 때는 11년 후인 1534년이었습니다.

비텐베르크로 돌아감

루터가 바트부르크 성에 은거해 있는 동안 비텐베르크에서는 과격하고 급진적인 개혁운동이 전개되고 있었습니다. 루터가 비텐베르크를 떠나 있는 동안 칼슈타트(Karlstadt, 1480-1541)가 비텐베르크에서의 개혁을 주도하고 있었습니다. 그는 루터와 협력관계를 유지하는 동지였으나 신학입장은 서로 달랐습니다. 개혁을 추진하는 방법에 있어서도 루터는 점진적인 개혁을 원했으나 칼슈타트는 과격하고 급진적이었습니다. 그가 15세 소녀와 결혼한 것만 보아도 극단적인 인물이었음을 알 수 있습니다. 그는 미사의 즉각

양에 도움이 되기를 바란다. 하나님이 귀하에게 상을 줄 것이다."는 교황의 추천서를 실을 수 있었다. 패트릭 콜린스, 63.

적인 폐지를 주장하였고, 성상(聖像)의 사용이나 독신제의 서원을 정죄하였습니다. 이러한 칼슈타트의 영향으로 흥분한 군중들의 대대적인 성상파괴운동이 일어나는 등 사회적 불안이 야기되고 있었습니다. 루터는 미사의 폐지나 성상제도, 독신제도의 부당성에 대해서는 이견이 없었으나 점진적인 개혁을 원했습니다. 이러한 상황에서 멜랑흐톤은 루터에게 비텐베르크로 돌아갈 것을 요청했습니다. 루터 자신도 더 이상 은거해 있을 수 없었으므로 상당한 위험을 무릅쓰고 1522년 3월 6일 비텐베르크로 돌아갔습니다. 이때로부터 1546년 죽기까지 루터는 거의 대부분을 비텐베르크에서 보내며 교회개혁 운동을 이끌어 갔습니다.

루터는 비텐베르크로 돌아간 이후 8편의 연속 설교를 했습니다. 이때 설교에서 한 가지 중요한 내용이 본질적인 것(*diaphora*, essentials)과 비본질적인 것(*adiaphora*, nonessentials)을 구별하였다는 점입니다. 루터는 성경에서 분명하게 지시하거나 금지하는 명령은 복음의 근본진리로서 본질적인 요소라고 한다면, 예배의식, 예배순서, 성직자의 복장, 수도원 입단을 위한 서원, 성상(聖像), 성직자의 결혼 등은 비본질적인 요소라고 보았습니다. 루터는 후자에 대해서는 환경과 시대와 장소에 따라 자유롭게 선택할 수 있다고 보았습니다. 본질적인 문제가 아닌 사안들은 받아들이든 거부하든 문제되지 않는

다고 본 것입니다. 이런 것들은 '아디아포라', 곧 불간섭의 영역으로 간주한 것입니다. 바로 이런 루터의 입장 때문에 루터파(Lutheran)는 천주교의 여러 가지 예배의식이나 성상제도를 그대로 받아들이는 보수적인 입장을 취하게 된 것입니다. 루터가 볼 때 칼슈타트는 비본질적인 것들을 개혁하기 위해 과격하게 행동한 사람입니다. 루터는 이런 문제를 비본질적인 것이라고 보았기 때문에 루터교 안에는 천주교적 잔재가 그대로 남게 된 것입니다.

참고로 칼빈과 비교해 보겠습니다. 칼빈은 비본질적인 것의 영역을 거의 인정하지 않았습니다. 루터가 비본질적인 것으로 여겼던 문제들에 대해서도 칼빈은 성경적 가르침이나 성경적 원리를 적용하여 판단하였습니다. 그렇기 때문에 천주교적 찌꺼기를 말끔히 제거할 수 있었고, 루터보다 철저한 개혁을 단행할 수 있었습니다. '전통'(Tradition)에 대한 두 사람의 이해를 비교해 보면 그 차이가 보다 선명해 집니다. 루터는 "성경이 금하지 않는 한 '전통'은 구속력이 있다."고 생각했습니다. 그러나 칼빈은 "성경이 명하지 않는 한 '전통'은 구속력이 없다."고 생각했습니다. 이런 견해 차이 때문에 루터교회에는 천주교적 잔재가 남게 되었으나 칼빈파 전통에서는 천주교적 잔재를 일소하게 된 것입니다.

루터는 비텐베르크에서의 설교와 가르침을 통해 직업에서의 '소명론'을 통해 새로운 직업관을 제시했고, 교회와 국가 간의 문제에 대한 '두 왕국설' 이론을 제시하는 등 자신의 신학을 공표하였습니다. 1525년 6월 13일에는 수녀 출신 케더리나 폰 보라(Katharina von Bora)와 결혼함으로써 독신제의 무의미성을 보여주었습니다. 결혼 당시 부인은 26세로서 16년 연하의 여성이었습니다. 루터의 아내 사랑은 깊어 갔고, "행복한 연합보다 더 감미로운 연합은 없다."고 말했을 정도였습니다. 루터는 여섯 자녀를 얻었고, 당시 역병으로 고아가 된 여섯 아이를 입양하기까지 했습니다. 그가 입양까지 했다는 사실을 아는 이들은 많지 않습니다.

1524-1525년 농민전쟁의 와중에서 루터는 급진적 종말론이나 폭력적 혁명을 거부하고 점진적인 개혁을 추구하고 있음을 보여주었습니다. 루터의 개혁운동은 더 넓은 지역으로 확대되어 갔고, 천주교에 대한 항거 또한 급속도로 퍼져나갔습니다. 루터의 저서들이 인쇄술의 힘을 입어 각처로 보급되었고, 루터가 번역한 독일어판 신약성경은 1522년 9월에 5천부가 인쇄되어 3개월 만에 매진되었습니다. 1534년 출판된 루터역 성경전서는 그 후 루터가 사망하기까지 12년 간 10만 권이 판매되었다고 합니다. 1521년 12월에 출판된 멜랑흐톤(Melanchton)의 『신학요의』(Loci Communes) 또한 루터파의 확산에 영향을 주었습니다.

성만찬
논쟁

　　　교회개혁이 진행되는 가운데 정치지도자들도 개혁을 지지하는 쪽과 반대하는 쪽으로 양분됩니다. 루터의 개혁을 반대하고 로마 가톨릭 신앙을 지지하는 제후들은 1524년 7월 라티스본동맹(데사우 동맹이라고도 함)을 결성하여 루터파의 확산을 저지하려고 했습니다. 이에 맞서 루터의 개혁을 지지하는 헤세의 필립, 작센의 선제후 요한 등은 1526년 6월 토르가우에서 고타동맹을 체결했습니다. 이들은 루터파를 보호하려고 했습니다. 그런데 오스만 투르크의 위협 앞에서 양측의 타협은 불가피하게 됩니다. 그것이 황제 카를 5세의 이름으로 1526년 1월 소집된 제1차 슈파이어 제국회의였습니다. 이때는 루터파를 탄압할 여력이 없었습니다. 그래서 타협적인 결정을 하게 되는데, 그것이 "어떤 지역의 종교는 그 지역 통치자의 종교에 따른다."는 원칙이었습니다. 이를 라틴어로 말하면 "*Cuius regio, eius religio*", 직역하면 "그의 지역에서는 그의 종교로"(Whose region, his religion)라는 의미입니다. 1521년에 발했던 보름스 칙령의 철회라는 점에서 루터파에 대한 커다란 배려였습니다. 이 칙령에 의해 도시의 통치자에 따라 종교 선택권이 보장되었습니다.* 그런데 정치적 상황이 달라지자 황제는 1529년 제2차 슈파이어 제국회의를 소집하고 이전의 결정을 번복했습니다. 루터파는 다시 이단으로 처벌받기 시작한 것입니다. 이런 상황에서 루터파를 지지하는 5명의 군주들과 14개 도시의 대표자들은 황제의 조치에 항의(protest)했습니다. 이런 배경에서 항의자들, 곧 프로테스탄트(Protestant)라는 용어가 생겨나게 된 것입니다. 이때가 1529년 4월이었습니다.

정치적 상황이 이렇게 전개되자 독일의 개혁운동은 또 다시 위기에 직면하게 되었습니다. 그래서 루터 지지자였던 헤세의 필립(Philip of Hesse)은 우선 비텐베르크와 독일 고지대 사이에 존재하는 교리적 차이를 해소하려고 힘썼습니다. 나아가 스위스의 개혁운동까지 포함하는 연합적인 동맹을 결성함으로써 이 난국을 타개하려고 시도합니다. 즉 루터파와 스위스의 츠빙글리파 간의 연합을 시도하였고, 이를 위해 신학적 차이를 해소하고자 했습니다. 이것이 바로 루터와 츠빙글리 측의 '성만찬 논쟁'입니다. 1529년 10월 1일부터 3일까지 독일 마부르크에서 개최되었기 때문에 '마부르크 회담'이라고 부르

---

* 이 원리에 입각하여 독일 남서부에 위치한 라인팔츠 공국(*Rhenish Palatinate*)은 통치자의 종교에 따라 처음에는 루터파, 개혁파, 짧은 기간 루터파로의 복귀, 다시 개혁파, 그 후에는 로마 가톨릭으로의 복귀라는 파란만장한 과정을 겪었다. 패트릭 콜린스, 『종교개혁』(을유문화사, 2004), 33.

기도 합니다. 문제의 핵심은 마태복음 26장 26절 성찬식의 말씀(聖餐式辭)인 "이것은 내 몸이다"(Hoc est corpus meum)는 말씀에 대한 해석이었습니다. 루터와 츠빙글리 양측은 천주교의 화체설을 부인했습니다. 그러나 공재설, 곧 실재 임재(physical presence)를 주장하는 루터와 상징설을 주장하며 기념의 의미를 주장했던 츠빙글리 간의 차이를 해소하지 못하고 결렬되고 맙니다. 결국 헤세의 필립이 의도했던 로마 가톨릭 세력에 대항한 개신교 동맹은 이루어지지 못했습니다. 그 결과 루터의 개혁운동은 루터파(Lutheran)로 발전했고, 츠빙글리의 개혁운동은 후일 칼빈의 개혁운동과 연합하여 개혁파(Reformed)로 발전해 갑니다. 개혁이념을 같이 하면서도 성찬관의 차이 때문에 결국 두 개의 교회로 나누어지게 된 것입니다.

    1529년 제2차 슈파이어 회의와 츠빙글리와의 성찬 논쟁이 결렬된 이후 위기에 처한 루터가 작사 작곡한 곡이 '내 주는 강한 성이요'(Ein feste Burg ist unser Gott)입니다. 이 노래는 시편 46편에 기초한 것으로 알려져 있으며 개혁 의지를 피력한 전투가라고 할 수 있습니다. 이 독일어 찬송을 우리말로 번역하여 찬송가에 수록케 한 인물이 호주 장로교선교사 왕길지(Gelson Engel)입니다. 참고로 소개하자면 '내 주는 강한 성이요'에 기초한 많은 편곡 가운데 요한 세바스챤 바흐(J. S. Bach)의 칸타타 80번도 이 찬송가를 사용했습니다. 이 곡은 1530년 아우크스부르크 제국회의에 제출한 신앙고백서 200주년 기념축제를 위해 작곡한 것이라고 합니다. 1829년 멘델스존이 작곡한 제5번 종교개혁 심포니도 100년 전 바흐가 그러했던 것처럼 1530년의 아우크스부르크 신앙고백서 작성 300주년을 기념하기 위한 것이었습니다. 멘델스존은 이 곡이 300주년 기념행사에서 연주되기를 희망했으나 로마 가톨릭의 항의 등 여러 사정으로 연주되지 못했고, 1832년 수정되어 베를린에서 초연되었습니다. 이 곡에 만족하지 못했던 멘델스존은 이 곡을 다시 연주하지 않았고, 출판도 거부했습니다. 그리하여 그가 사망한지 21년이 지난 1868년에야 비로소 출판됩니다. 그 결과 실제로는 두 번째로 쓰여진 교향곡임에도 불구하고 교향곡 제5번이라고 불리게 된 것입니다. 이 작품은 총 4악장으로 구성되어 있으며, '내 주는 강한 성이요'는 제4악장에서 연주됩니다.

루터파의 발전

독일에서 루터의 개혁운동은 1526년 제1차 슈파이

어 제국회의를 전후하여 예배의식과 교회조직을 갖추어갔습니다. 루터는 전통적인 예식문(liturgy)을 이용하여 독일어 찬송가 가사를 지었고, 음악과 찬송, 가정생활과 교육을 강조하였습니다. 그는 성경이 명백하게 금지하지 않는 한 로마 가톨릭 교회에서 시행해 오던 관행을 반드시 부인할 필요가 없다고 보았습니다. 그는 각 지역의 행정 당국자들에게 각자의 권한 안에서 예배와 교회의 조직과 운영을 규제하도록 허용하였습니다. 그리하여 독일 안에는 영방교회(領邦敎會, Landeskirchen)가 생기게 되었고 그 밖의 다른 나라에서는 국가교회가 출현하게 됩니다.

1530년에 루터의 동료이자 후계자였던 멜랑흐톤에 의해 신앙고백서가 작성되었습니다. 이것이 유명한 '아우크스부르크 신앙고백서'(Confessio Augustana, Augusburg Confession)입니다. 남부 독일의 바덴 지방에서 출생한 멜랑흐톤은 당대 최대의 히브리어 학자였던 요한 로이힐린(Johannes Reuchlin)의 외손자로서 유명한 인문주의자였습니다. 그는 언어적 재질과 함께 학자로 명성을 얻었고, 로이힐린의 천거로 비텐베르크 대학의 헬라어 교수가 되었습니다. 그가 1521년에 쓴 『신학요의』(Loci Communes)는 개신교 최초의 조직신학서로 알려져 있습니다. 그를 '독일인의 교사'(praecepor Germaniae)라고 부르기도 합니다.

30여 년간 교회개혁을 위해 헌신했던 루터는 1546년 2월 18일, 63세를 일기로 하나님의 부름을 받았습니다. 그는 사망하기 1년 전부터 두통, 안구건조와 염증, 부종, 시력 감퇴와 신경쇠약, 우울증으로 시달렸습니다. 1545년 초에는 천주교측에 의해 루터의 거짓 부고가 나돌기도 했습니다. 그가 얼마나 미움을 받았던가를 알 수 있습니다. 그가 사망하자 멜랑흐톤이 그의 후계자가 되었습니다. 멜랑흐톤이 작성한 아우그스부르크 신조는 후일 루터파의 공식적인 신앙고백서가 되었습니다. 이것은 1517년부터 1648년까지 종교개혁사의 전 기간 중에 작성된 첫 신앙고백서입니다. 이렇게 형성된 루터교는 독일을 중심으로 스칸디나비아 반도지역으로 확산되었고, 후일 미국으로 전파됩니다. 6.25 동란 중에 미국의 루터교회가 한국에 선교사를 파송함으로 한국에도 루터교가 전파됩니다.

제6장
츠빙글리와 취리히에서의 개혁운동

독일에서 전개된 개혁운동에 이어서 이번에는 스위스에서 전개된 개혁활동에 대해 소개하고자 합니다. 종교개혁을 말할 때 먼저 루터를 생각하지만, 교회개혁이라는 거대한 역사는 사실 루터 외에도 여러 개혁자들에 의해 이루어진 공동의 결실이라는 점을 간과해서는 안 됩니다. 독일에서 시작된 교회개혁의 불길은 유럽의 여러 지역으로 번져 갔습니다. 스위스, 스코틀랜드, 화란 등지에서 오직 성경, 오직 믿음, 오직 은혜라는 개혁운동의 공통된 기반 위에서 약간의 상이점을 지닌 다양한 운동으로 전개되었습니다. 이런 점에서 '종교개혁'(The Reformation)이라고 단수로 표현할 것이 아니라 '종교개혁들' 혹은 '제(諸)종교개혁'(The Reformations)이라고 불러야 한다고 주장하기도 합니다.

스위스에는 크게 세 가지 형태의 개혁운동이 일어났습니다. 첫째는 스위스의 북부 지역인 독일어를 사용하는 현(cantons), 특히 취리히를 중심으로 전개된 츠빙글리의 개혁운동입니다. 둘째는 스위스 남부의 불어를 사용하는 지역, 곧 제네바를 중심으로 전개된 칼빈의 개혁운동입니다. 그리고 셋째는 취리히를 중심으로 전개된 재세례파(재침례파, Anabaptist) 운동입니다. 재세례파라는 급진적인 개혁운동은 츠빙글리의 동료들로부터 시작되어 취리히를 중심으로 스위스와 독일 그리고 화란 등지로 퍼져 나갔습니다. 이 장에서는 우선 취리히에서 전개된 츠빙글리의 개혁운동에 대해 소개하려고 합니다.

종교개혁 당시 스위스는 명목상으로는 신성로마제국의 일부였으나, 유럽에서 가장 자유스러운 나라였습니다. 이미 1291년에 슈위츠(Schwyz), 우리(Uri) 그리고 운터발덴(Unterwalden)등 세 산림주(山林州)는 하나의 연합체를 형성하고 있었고, 1352년에는 취리히가 스위스연맹에 가입합니다. 1513년 이래 13개 주의 자치현으로 구성되었고, 각각의 현은 자치권을 행사하되 종교문제도 그러했습니다.

개혁자

츠빙글리

취리히의 개혁자 율리히 츠빙글리(Ulrich Zwingli, 1484-1531)는 1484년 1월 1일 세인트 갈(St. Gall)현에 있는 토겐부르크(Toggenburg)라는 도시의 빌트하우스(Wildhaus)에서 농부의 셋째 아들로 태어났습니다. 루터가 출생한 지 7주 후였습니다. 츠빙글리의 아버지는 농부이자 빌트하우스 지역 행정서기(chiefmagistrate)였습니다. 그는 8살 때 삼촌 바돌로뮤가 교장으로 있던 베젠 학교에 입학하였고, 10살 때인 1494년에는 바젤로 가서 성 데오도르 학교에 입학하여 3년간 라틴어, 변증법 그리고 음악 등을 공부하게 됩니다. 츠빙글리는 바젤에서 다시 베른으로 옮겨가 2년간(1496-1498) 인문주의자 하인리히 뵐프린 문하에서 공부합니다. 그 후에는 비엔나로 옮겨가 비엔나 대학에서 고전어와 음악에 대한 깊은 지식을 쌓았다고 합니다. 1502년 다시 바젤로 돌아가 성 마틴 대학에서 수학하고, 1506년 문학석사(MA) 학위를 받습니다. 바젤 대학에서는 유명한 인문주의자 토마스 비텐바하(Thomas Wyttenbach, 1472-1526)에게서 인문주의의 깊은 영향을 받습니다. 특히 이곳에서 에라스무스(Erasmus)의 사상을 접하게 되었고 그로부터 큰 영향을 받았다고 합니다. 1506년 초부터 신학수업을 하였고, 그 해 말 곧 그의 나이 22세 때에 신부가 됩니다. 츠빙글리는 인문주의적 교육을 받은 박식한 인문주의자로서 루터와 교회개혁의 기본이념을 함께 하면서도 자신의 고유한 사상을 발전시켰습니다. 그가 개혁파 교회의 첫 인물이라 할 수 있고, 개혁주의 신학의 기초를 놓았다고 할 수 있습니다. 그가 1531년 세상을 떠난 이후, 개혁파 신학은 칼빈의 신학활동을 통해 보다 분명하고도 체계적으로 해설되었다고 하더라도 츠빙글리는 개혁교회의 첫 개혁자라고 할 수 있습니다.

목회 활동

1506년 신부가 된 츠빙글리는 글라루스(Glarus) 교구의 사제로 취임하였습니다. 그는 이곳에서 10년간(1506-1516) 일하면서 용병제도(傭兵制度, Mercenary Service)의 문제점과 폐해를 알게 됩니다. 지금의 스위스는 관광산업으로 유명하지만, 당시는 그렇지 못해 이웃 나라에 용병으로 많이 참가하였습니다. 그는 스위스인들이 왜 로마나 프랑스를 위해 생명을 바쳐야 하는가 의문을 가지지 않을 수 없었습니다. 츠빙글리는 1513년에서 1515년 어간에 두 차례 용병의 종군신부로 참가한 일이 있습니다. 특히 1515년 '마리냐노 전투'에 참가하여 스위스 용병 1만 명이 프랑스 군 포탄에 죽임을 당하는 참상을 목격합니다. 이런 경험으로 생명의 파괴, 적대적 싸움, 성병, 제도의 오용 등 용병제도의 문제를 알게 된 것입니다. 그래서 1515년부터는 이를 반대하고 비판하는 설교를 시작합니다. 이것은 츠빙글리가 교회와 사회 현실을 인식하는 과정이었습니다. 그러나 용병으로 먹고살던 이들로부터 배척을 받게 됩니다.

츠빙글리는 1516년 4월부터 1518년까지 순례자의 중심지, 곧 마리아 숭배의 중심지로 알려진 아인지델른(Einsiedeln)의 수도원에서 사제로 일했습니다. 이곳에 있는 '동정녀 마리아'의 조상(造像)을 보려고 수많은 순례자들이 찾아들었습니다. 여기서 츠빙글리는 공로사상과 선행에 의한 구원교리 그리고 면죄부의 부당성을 보기 시작합니다. 그래서 면죄부의 해악에 대한 설교를 시작합니다. 이런 이유에서 츠빙글리의 종교개혁은 1516년에 시작되었다고 주장하기도 합니다. 루터는 수도원에서 성경연구를 통해 당시 교회의 문제점을 체득했다면, 츠빙글리는 사제로 일하면서 당시 교회의 문제점을 보게 됩니다. 츠빙글리가 아인지델른에 머무는 기간에 독일에서는 루터의 95개 조가 게재되었고 교회개혁의 기운이 일고 있었습니다. 아마 츠빙글리는 루터의 95개 조 사건과 그 발전 과정을 알고 있었을 것입니다. 따지고 보면 츠빙글리의 개혁운동은 루터와 거의 동시적으로 시작되었고, 루터로부터 영향도 없지 않았을 것입니다.

1518년 10월 말 츠빙글리에게는 보다 큰 영향력을 행사할 수 있는 취리히 대성당의 사제로 갈 수 있는 기회가 왔습니다. 그러나 츠빙글리가 음악을 좋아하므로 경박한 사람일 수 있다는 점 때문에 문제가 야기됩니다. 사실 츠빙글리는 하프, 바이올린, 플루트, 코넷, 류트 등을 연주할 수 있었고, 또 작곡도 할 수 있는 음악 애호가였습니다. 이때 그는 다윗 같은 인물도 음악을 사랑했으므로 음악에 대한 관심과 능력이 목회자 자질의 평가기준이 될 수 없음을 변명하였습니다. 결국 그는 취리히 대성당 주임 사제로 청빙을 받아 1518년 12월 27일 아인지델른을 떠나 취리히로 이사하였습니다. 그래서 취리히는 츠빙글리의 삶과 목회 그리고 개혁운동의 중심지가 된 것입니다.

츠빙글리가 취리히에 도착함으로써 이곳에서의 개혁활동이 시작되었습니다. 당시 취리히 인구는 6천여 명으로 무역과 제조업이 번성한 곳이었습니다. 루터가 오랜 번민과 고뇌, 복음진리에 대한 연구에서 성경적 가르침을 깨닫게 되었다면, 츠빙글리는 교회 현장에서 모순과 부조리를 보면서 개혁의 필요성을 체득하게 됩니다.

츠빙글리는 만 35세가 되던 1519년 1월 1일부터 취리히 강단에서 마태복음 1장부터 헬라어 성경본문을 해설하는 강해설교를 시작했습니다. 그의 이런 설교는 기록된 원고를 낭독하는 당시의 관행과는 구별된 것이었습니다. 특히 그는 스위스 사람들이 이해할 수 있는 독일어로 설교하였고, 그의 뛰어난 설교로 곧 존경을 받게 됩니다. 그는 마태복음을 시작으로 복음서, 사도행전, 바울서신, 공동서신 순으로 설교하여 1526년까지 7년간 신약성경 전권을 강해하였습니다. 그는 이런 목회활동을 통해 로마 가톨릭 교회의 종교적 남용을 비판했습니다. 후에는 구약도 히브리어 본문을 주해하는 방식으로 설교했습니다.

츠빙글리의 개혁활동

츠빙글리의 설교가 끼친 영향으로 취리히에는 많은 변화가 일어났습니다. 가난한 자를 구제하는 기금이 조성되고, 과도한 사치가 금지되고, 도박이나 술취함이 근절되고, 퇴폐적인 무도나 매춘도 사라졌습니다. 이런 시민생활의 변화는 설교에 대한 응답이었습니다. 츠빙글리는 성상숭배를 비판하고, 의무적인 십일조 대신 자의적인 기부제 도입을 제창했습니다. 또 성경적인 근거가 없는 금식규정을 비판했습니다. 1522년 4월에 아인지델른의 사제 레오 쥬드(Leo Jud)와 취리히교회 지도자들이 사순절 기간(Lent)의 금식규정을 지키지 않고 소세지를 먹은 사건이 발생하였습니다. 당시에는 사순절 기간 동안 육류를 먹는 것이 금지되어 있었습니다. 취리히를 관장하던 콘스탄트 주교는 이런 행위에 대해 항의하면서 처벌을 요구하였습니다. 이때 츠빙글리는 하나님의 말씀은 음식 선택의 자유를 인정한다는 점을 설교하면서, 금식 규정은 복음에 의해 선포된 자유를 억압하는 행위라고 비난하였습니다. 또 그는 양심의 자유를 근거로 이들을 변호하는 글을 발표하였는데, 이것이 교회개혁을 위한 츠빙글리의 첫 번째 작품인 『음식의 선택과 자유에 관하여』(Concerning Freedom and Choice of Food)입니다.

츠빙글리의 교회 비판은 그 범위를 넓혀갔습니다. 성직자의 독신제도가 비성경적임을 비판하였고, 1522년 7월에는 츠빙글리와 10여 명의 동료 사제들이 취리히 의회와 콘스탄츠 주교에게 성직자의 결혼 허용을 정식으로 요청하였습니다. 청원은 거절되었지만 츠빙글리는 안나 라인하르트(Anna Reinhart)와 비밀리 결혼하였고, 그 후 8명의 자녀를 두었습니다.

츠빙글리는 1522년에 '처음과 끝'이란 뜻의 '아르케델레스'(Archeteles)라는 제목의 또 한편의 글을 발표하였습니다. 이 책은 『하나님 말씀의 명확성과 확실성』(The Clarity and Certainty of God's Word)이란 제목으로 번역됩니다. 이 책에서 츠빙글리는 교황이 성경해석을 독점하는 것은 부당하다고 주장하고, 하나님의 뜻을 바르게 깨닫고 이해하기 위해서는 오직 성경만이 필요하다고 주장했습니다. 또 성경의 명료성과 확실성, 성경의 권위를 강조하였습니다. 성경 중심 사상은 모든 개혁자들의 공통된 사상이었습니다.

교회개혁을 위한 토론회

츠빙글리의 교회 비판과 개혁운동은 콘스탄츠 주교는 물론 스위스 다른 현의 반발을 사게 되었고, 이로 인해 갈등이 야기됩니다. 츠빙글리는 독일에서 있었던 루터의 라이프찌히 논쟁을 염두에 두고, 이 문제를 공중 앞에서 공개적으로 토론하자고 요구하였습니다. 취리히 시의회는 이를 수용하여 공개토론회를 주선하게 됩니다. 결과적으로 볼 때 츠빙글리는 3차례에 걸친 토론회를 통해 개혁을 추진하게 됩니다. 공개토론을 통하여 취리히 시민들은 무엇이 참된 종교이며, 무엇이 그릇된 종교인가를 분별할 수 있게 되었습니다. 당시 교회의 문제점과 폐습, 신학적 오류들을 알 수 있게 되었기 때문입니다. 다시 말하면 공개토론을 통하여 로마 천주교의 권력남용과 사제주의의 폐해가 드러나게 되었고, 결국 시의회는 츠빙글리의 복음주의를 지지하게 되어 교회개혁운동이 결실을 맺게 된 것입니다.

제1차 토론은 1523년 1월 29일 개최는데, 이날 취리히 인구의 약 10%인 600여 명이 참가하여 대성황을 이루었습니다. 로마 천주교는 콘스탄츠 주교를 대신하여 파베르 박사(Dr. Faber)와 사제들이 츠빙글리의 논적(論敵)으로 참가하였습니다. 츠빙글리 쪽에서는 츠빙글리와 그의 동료 바디안(Vadian), 세바스티안 호프마이스터(Hofmeister) 등이 참가하였습니다. 이때 츠빙글리는 교회개혁을 위한 자신의 입장을 쉽게 요약 정리한 '67개 조'(Sixty-Seven Articles)를 제시하였습니다. 이 문서는 루터의 95개 조와 비교될 수 있는데, 첫 15개 조항에서는 성경적인 교리들(positive Christian doctrines)을 제시했고, 나머지 52개 조항에서는 천주교 교리들을 비판(objected to Roman Catholic doctrines)했습니다. 츠빙글리는 이 문서에서 성경만이 신앙과 생활의 유일한 규칙이요, 그리스도는 유일한 중보자임을 주장하고, 천주교회의 미사제도, 교황제, 금식제도, 연옥설 등은 비성경적임을 지적하였습니다. 또 교황이 소유하고 있다는 대제사장적 직분, 기념이 아니라 희생(Sacrifice)으로서의 미사, 성자들의 중보를 요청하는 기도, 의무적인 금식, 성지순례, 구도규칙, 성직자들의 독신제도, 파문의 오용, 면죄부 판매, 고행 및 연옥에 관한 교리, 사제(司祭)제도 등 교회 내에서 행해지던 각종 인위적 규칙들을 비판하였습니다. 로마교회 대표들은 츠빙글리의 주장이 잘못되었음을 증명하지 못함으로써 시의회는 츠빙글리의 복음주의적인 설교를 인정하였고, 성경에 기초한 설교만 하도록 규제하였습니다.

제2차 토론은 1523년 10월 26일부터 28일까지 3일간 개최되었으며, 350명의 사제를 포함하여 약 900명의 취리히 시민이 참가하였습니다. 로마교 측에서는 마르틴 슈타인리(Martin Steinli of Schaffhausen)와 콘라드 슈미트(Conrad Schmid)가 대표로 파견되었습니다. 이 토론에서 츠빙글리는 성상과 미사에 대하여 비판하였으나 천주교 측 대표는 이를 옹호하였습니다. 토론의 결과 미사제도가 즉각 폐지되지는 않았으나, 시의회는 성상을 더 이상 교회 안에 가져오지 못하도록 조치하였습니다. 츠빙글리 편에서 볼 때 2차 토론 결과는 만족스럽지 않았으나 취리히 시의회가 개혁을 추진하는 것은 분명했습니다. 2차 토론이 끝난 후 츠빙글리는 『요약 기독교개론』(A Brief

Christian Introduction)이라는 책을 저술했습니다. 이 책은 성상에 대한 비판서로서 취리히의 성직자들을 깨우치기 위한 의도로 쓴 작품으로 알려져 있습니다.

제3차 토론은 1524년 1월 19일과 20일 양일간 개최됩니다. 엥겔하르트(Engelhard), 레오 쥬드, 츠빙글리 등이 복음주의 대표들이었습니다. 이 토론에서 로마교 대표인 루돌프 호프만(Rudolf Hofmann)은 성상과 성상제도에 대해 장시간 옹호하는 주장을 폈습니다. 그러나 교회의 전통이나 교부 문서 혹은 중세 스콜라 신학자들의 문서, 교회법 등 성경 밖의 자료들을 중심으로 토론을 이끌어 성상제도에 대한 성경적 근거를 제시하지 못했습니다. 따라서 시의회는 이전보다 더 쉽게 츠빙글리의 성상폐지론을 따르게 됩니다. 토론의 결과 미사는 폐지되지 못했으나 성상은 폐지되었고 철거하게 됩니다.

3차 토론에도 불구하고 교회개혁이 시의회에 의해 미진하게 진행되자 츠빙글리와 함께 개혁에 동참했던 일부의 인사들은 불만을 품고 과격한 개혁을 주장했습니다. 이들이 콘라드 그레벨(Conrad Grebel), 펠릭스 만츠(Felix Manz) 등입니다. 유아세례는 성경적 근거가 없다고 주장한 이들은 결국 츠빙글리와 결별하게 되고 재세례파(Anabaptist)로 발전합니다. 이들은 특히 유아세례를 반대하고 성인이 된 후 자신의 신앙고백에 의한 '신자의 세례'(believers' baptism)를 통한 자유교회 설립을 주장하였기 때문에 보통 재세례파라고 불리게 됩니다.

개혁의 진전

제3차 토론 5개월이 후인 1524년 6월 15일, 시의회는 교회당에서의 모든 성상을 제거하도록 명하여 성상이 철거됩니다. 이듬해인 1525년 1월에는 시의회가 츠빙글리를 지지함으로써 스위스에서의 개혁운동이 크게 진전됩니다. 그해 4월 16일 취리히에서는 개혁교회 역사상 최초로 복음적인 성찬예식이 거행되었습니다. 즉 성찬식이 최후의 만찬에 대한 기념으로서, 그리고 영적 교제의 의미로 거행되었고, 또 오랫동안 분배되지 않던 포도주를 떡과 함께 분배하였습니다. 이렇게 함으로써 최초로 개혁교회 성찬예식을 거행한 것입니다. 성상도 제거되었고 오르간 사용도 금지되었습니다. 1525년 4월에는 드디어 미사가 폐지되었고, 부활절 성찬식을 제단(祭壇)에서가 아니라 단출한 나무 탁자 위에서 거행했으며 빵만이 아니라 포도주도 분배했습니다. 이때부터 성경적 근거가 없는 5가지 성례는 완전히 제거되었습니다. 또 사제들과 수도사들 그리고 수녀들은 독신제도의 굴레를 벗고 결혼을 감행합니다. 결혼은 더 이상 성례가 아니라 민간 의식이 되었습니다.

1525년에는 츠빙글리의 여러 소책자가 출판됩니다. 『세례에 관하여』(On Baptism), 『재세례와 유아세례에 관하여』(On Rebaptism and Infant Baptism, 1525, 4월) 『세례에 관한 휴프마이어의 소책자에 답하여』(Answer to Hubmaier's Booklet on Baptism, 11월) 등이 그것입니다. 특히 1525년 3월에 출판된 『참된 종교와 거짓된 종교에 관한 주석』(Commentary on the True and False Religion)은 가장 대표적인 작품입니다. 이 책은 프랑스 국왕 프란시스 1세에게 헌정된 책으로서, 특히 기념(記念)과 상징적인 의미가 있는 성찬식을 통해 신자들은 오직 믿음에 의해 그리스도에게 나아간다는 자신의 해석을 명료하게 제시하였습니다. 취리히에서의 개혁은 인접한 다른 주에 영향을 주어 바젤(Basel), 샤프하우젠(Schaffhausen), 베른(Bern) 등지로 확산되었습니다.

종교적 갈등과 대립

스위스는 자치현(州)들로 구성되어 있었는데 어떤 주

들은 프로테스탄트를 지지하여 개혁을 단행한 반면, 어떤 주들은 계속 로마교로 남아 있었습니다. 삼림지역의 주들은 계속 로마 천주교에 남아 있기를 원했습니다. 이러한 종교적 차이는 이미 존재하던 다른 갈등 요인들과 어우러져 긴장이 고조되었고 내란이 불가피했습니다. 취리히에서 개혁이 전개되고 있던 1524년 4월 종교적 위협을 느낀 다섯 개의 삼림주, 곧 슈비츠(Schwyz), 우리(Uri), 운터발텐(Unterwalden), 쯔크(Zug), 루체른(Luzern) 등은 로마 가톨릭 신앙수호를 결의하여 연합하였습니다. 이들은 종교적 문제 외에도 취리히가 영향력을 확대해 가는 일련의 변화에 질투를 느끼고 있었기 때문입니다. 그래서 이들은 1524년 소위 베켄리이드(Beckenried) 동맹을 체결하였습니다. 이것은 취리히에게는 중대한 위협이었습니다. 취리히를 지지하는 주들은 콘스탄츠, 세인트 갈, 스트라스부르크, 베른, 바젤, 샤프하우젠(Schaffhausen) 등이었는데, 이들은 베켄리이드 동맹에 대항하기 위해 1529년 동맹을 체결합니다. 이 동맹을 보통 '그리스도교 동맹'(Christian civic union)이라고 부릅니다.

군사동맹이 결성되자 1529년 6월 8일 취리히는 로마 가톨릭을 지지하는 주들에 대항하여 선전 포고를 합니다. 베른 시도 취리히를 지지하여 동참하게 되지만 다행히 화의가 이루어져 6월 26일 결전을 피하게 됩니다. 이때 체결된 조약을 제1차 카펠 평화조약이라고 부릅니다. 이때 모든 가톨릭 지지주에서도 개혁적인 설교를 할 수 있도록 협약했지만 그대로 실행되지는 않았습니다. 일시적인 평화가 있었으나 로마 가톨릭 주들은 황제 카를 5세의 후원 하에 군사력의 우위를 확보합니다. 츠빙글리는 이를 우려하지 않을 수 없었습니다. 그래서 그는 헤세의 필립(Philip of Hesse)의 도움을 받아 독일의 루터파와 연합 전선을 구축하고자 했습니다. 이를 위해 개최한 회담이 앞서 소개했던 '마부르크 회담'인데, 흔히 '성만찬 논쟁'이라고 말합니다. 그러나 츠빙글리와 루터 간의 성찬관의 차이를 해소하지 못해 결국 회담은 결렬되었고, 이들 간의 연합은 이루어 지지 못했습니다.

그런데 1531년 10월 11일 로마교를 지지하는 삼림주들은 약 8천 명의 군사를 동원하여 취리히를 공격합니다. 이것이 프로테스탄트와 천주교 간의 최초의 종교전쟁이었고 점차 스위스 내전으로 발전하였습니다. 취리히는 카펠(Cappel)에서 이들과 맞섰으나 역부족이었고, 츠빙글리는 이 전투에서 전사합니다. 취리히 측의 전사자는 4백여 명에 달했는데, 이 가운데는 26명의 시의회 의원과 25명의 목사들이 포함되어 있었습니다. 취리히가 패전한 가운데 11월 20일 휴전이 이루어졌고, 이때 체결된 조약이 '제2차 카펠 평화조약'입니다. 이 조약은 프로테스탄트 측에는 불리한 것이었습니다. 프로테스탄트는 더 이상의 영토 확장이 금지되고, 현 상태로 남아 있어야 했습니다. 츠빙글리는 취리히를 중심으로 교회개혁을 단행하고 세상을 떠났고, 그가 죽은 후 스위스 개혁운동은 레오 쥬드(Leo Jud, 1482-1542)와 불링거(Heinrich Bullinger, 1504-1575)에 의해 계승되었습니다. 불링거는 츠빙글리의 후계자이자 사위였고, 츠빙글리의 전기를 쓴 첫 인물이기도 했습니다. 취리히에서의 개혁을 계승했던 불링거는 제네바의 칼빈의 개혁과 통합하여 '개혁파 교회'(Reformed church)를 세우게 됩니다. 이 교회는 루터파(Lutheran)와 더불어 양대 복음주의 교회가 됩니다. 종교개혁은 결과적으로 교파를 형성하게 됩니다.

제6장
칼빈과 제네바에서의 종교개혁

　　이제 스위스로 건너가 칼빈의 개혁활동에 대해 소개하고자 합니다. 흔히 칼빈은 루터, 츠빙글리와 더불어 종교개혁의 3대 인물로 불리지만, 칼빈은 루터나 츠빙글리에 비해 한 세대 후배입니다. 루터나 츠빙글리가 개혁을 전개하고 있을 때, 칼빈은 학도에 불과했습니다. 그래서 칼빈은 그 이전 시대의 개혁정신을 근간으로 하면서도 나름대로 독특한 사상을 발전시킬 수 있었습니다. 그는 비록 스위스의 불어 사용지역이었던 제네바(Geneva)에서 기욤 파렐에 이어 개혁을 추진하였지만 그의 영향력은 전 유럽에 미치는 광범위한 것이었습니다. 따라서 제네바는 세계적인 개혁운동의 중심지가 되었습니다. 서구 역사에서 칼빈의 영향력이 크기 때문에 영국의 정치가이자 저술가였던 존 몰리(John Morley)는 "서양 사상사에서 칼빈을 제외하는 것은 마치 한 눈을 감고 역사책을 읽는 것과 같다."라고 말한바 있습니다.

루터는 오랜 번민과 정신적 고통을 거쳐 복음주의적 구원교리, 곧 칭의 교리를 발견하였기 때문에 이신득의(以信得義)의 교리는 항상 그의 신학을 압도하였습니다. 그러나 한 세대 후배인 칼빈은 칭의론 중심의 신학에서 진일보하여 성화론이 그의 신학을 압도합니다.

개혁자
칼빈

칼빈(John Calvin)은 1509년 7월 10일, 프랑스 파리에서 동북쪽으로 60마일 떨어진 곳에 위치한 삐가르디(Picardy)현의 누와용(Noyon)에서 제랄드 칼빈의 다섯 아들 중 둘째 아들로 태어났습니다. 그의 할아버지는 센 강의 지류인 와즈 강의 거룻배 사공이었고, 아버지는 누와용에 위치한 노틀담(Notre-Dame) 성당의 공증인이자 주교의 비서였습니다. 후에는 그 교구의 재무관이 됩니다. 그의 어머니 쟌 느 르 프랑(Jeanne le Franc)은 폴란드 출신 여성으로서 여관업자의 딸이었다고 합니다. 칼빈의 어머니는 그가 6세 때인 1515년

페스트로 세상을 떠났고 그의 아버지는 곧 재혼하였습니다. 그러므로 칼빈의 어린 시절은 그리 행복하지는 않았을 것으로 보입니다. 칼빈은 형 샤를과 동생 앙투안과 마찬가지로 누와용에 있는 꼴레주데 까페뜨(Collége des Capettes)라는 지방학교를 다녔습니다. 1523년 8월에는 대학교육을 받는데 필요한 라틴어를 배우기 위해 파리로 갔습니다. 14살의 칼빈은 마르슈 학교(College de la Marche)에 입학하여 인문주의 교육을 받게 됩니다. 특히 신부 출신인 꼬르디에(Mathurin Cordier, 1479-1564)에게 라틴어를 배웁니다. 여기서 칼빈은 자신의 이름을 요아니스 칼비누스(Ioannis Calvinus)로 개명했는데, 이 이름이 프랑스어로 쟝 깔뱅(Jean Calvin)입니다. 1523년 말에는 몽떼귀 학교(College de Montaigu)로 옮겨가 그리스어와 라틴어, 논리학, 교부들에 대해 공부합니다. 유명한 인문주의자 에라스무스도 이 학교에서 공부했습니다. 이 때의 교육이 칼빈에게 큰 영향을 끼쳤습니다.

이 무렵 칼빈의 아버지는 성직자들과 갈등을 겪었고 후에는 출교를 당하게 됩니다. 이 일로 아버지는 칼빈이 신부가 되기보다는 법률가가 되기를 원했습니다. 그래서 칼빈은 1527년 말에 법률을 공부하기 위해 오르레앙 대학(the University of Orleans)으로 옮겨갑니다. 이 학교에서 칼빈은 볼마르(Melchoir Wolmar, 1497-1560)라는 유명한 교수를 만나게 됩니다. 그에게서 그리스어를 배웁니다. 칼빈이 저명한 신학자가 된 것은 좋은 선생을 만났기 때문입니다. 1년이 지 난 1529년 가을에는 부르쥬 대학(College de Bourges)으로 옮겨갑니다. 볼마르가 부르쥬 대학으로 가게 되자 칼빈도 그를 따라 옮겨간 것입니다. 칼빈은 이 학교에서 저명한 법학자이자 인문주의자였던 안드레아 알치아티(Andrea Aalciati)를 만나게 됩니다. 부르쥬 대학은 알치아티를 위해 설립된 왕립대학이었습니다. 이처럼 저명한 학자였던 알치아티 문하에서 칼빈은 공부하게 됩니다.

칼빈의 아버지는 1531년 5월 26일 사망하였고, 이듬해(1532) 칼빈은 다시 오르레앙 대학으로 돌아가 1년 가량 지냅니다. 그 후에는 파리로 가서 여러 곳을 전전한 뒤 포르테 대학(College Fortet)에 정착합니다. 이때 히브리어를 배운 것으로 알려져 있습니다. 이상과 같은 지적 여정은 후일 칼빈의 생애와 저술활동에 많은 영향을 주었음이 분명합니다. 그가 수학의 날을 보내는 기간에 프랑스에는 은밀하게 개혁신앙이 확산되면서 박해와 고난이 연속되고 있었습니다.

전환점:
개혁자로의 길

칼빈은 1532년 4월 4일 최초로 학문적인 책을 출판했습니다. 로마 철학자 세네카의 관용론(Ceneca, *De Clementia*)을 주석한 책입니다. 이 책은 스토아 철학자 세네카가 네로 황제의 포학한 행위를 견제하기 위하여 썼던 책입니다. 칼빈의 책은 그리 성공적이지 못했고, 어떤 기록에 의하면 판매된 책은 단 1권뿐이었다고 합니다. 이런 사실이 그를 인문주의자가 아니라 종교개혁자로 이끌어간 것으로 설명하기도 합니다.

칼빈의 생애에 있어서 하나의 결정적인 전환점이 된 사건은 그가 세네카의 관용론 주석을 출판한 후 약 18개월이 지난 1533년 11월 초에 일어났습니다. 칼빈은 이곳에서 몽테귀 학교 시절부터 알고 있는 니콜라스 콥(Nicholas Cop, 1501-1540)과 교제하고 있었습니다. 1533년 11월 1일, 곧 '모든 성자의 날'(All Saints' day)에 니콜라스 콥은 고위 성직자들 앞에서 기독교적 철학과 마태복음 5장 3절에 근거하여 복음과 율법 등에 대하여 비판적인 연설을 하였고, 이것이 문제시 되어 소환을 당하게 됩니다. 이 연설문 작성에 도움을 주었던 칼빈은 니콜라스 콥과 함께 체포를 면하기 위해 파리를 떠나

지 않으면 안 되었습니다.

칼빈은 자신의 안전을 위하여 1534년 초 가명을 쓰고 앙굴렘에 있는 루이 뒤 띠예(Louis du Tillet) 집에 은신해 있었습니다. 이곳에서 칼빈은 『기독교 강요』를 구상했다고 합니다. 이 무렵 칼빈은 성직록을 포기했다고 합니다. 성직록(聖職祿)이란 예비 사제들에게 교회가 지불하는 금전적 보상으로 장차 신부가 될 사람에게 주는 장학금이라고 할 수 있습니다. 당시에는 주로 교회 토지에서 생산되는 곡물을 주기도 했습니다. 1521년 5월부터 칼빈은 아버지의 주선으로 한 교회의 보좌 사제명부에 이름을 올리고 성직록을 받아 왔습니다. 1534년 칼빈이 이를 포기했다는 말은 사제의 길을 포기했다는 의미이기도 합니다. 아마도 이런 여정에서 칼빈은 개신교 신앙을 갖게 된 것으로 보입니다.

사실 칼빈이 언제 개신교 신앙으로 개심하게 되었는가에 대해서는 분명하게 말하기 어렵습니다. 루터는 자기 자신에 대하여 많은 기록을 남겼고, '탁상논담'(table talk) 같은 주변 잡기도 많지만, 칼빈은 자기 자신에 대하여 과묵한 탓에 자신에 대한 기록을 남기지 않았습니다. 거의 유일한 것이 시편 주석 서문 정도입니다. 루터에게는 '탑의 경험'이 있었으나 칼빈에게는 자신의 회심에 대해 오직 한 마디 말 뿐입니다. 그것이 '돌연한 회심'(subita conversio)이라는 말입니다.

그의 회심은 1532년에는 1533년 말 어간에 일어난 것으로 봅니다.

칼빈이 파리를 떠나 순례자의 길을 가게 되는 1534년, 프랑스는 종교적 갈등으로 인해 혼란이 가중되고 있었습니다. 프랑스는 강력한 로마 천주교 신앙을 지켜가며, 독일을 중심으로 전개되던 프로테스탄트 신앙운동을 철저히 차단하려고 했으나 교회개혁의 기운을 막을 수 없었습니다. 루터의 작품은 국경의 경계망을 넘어 은밀히 회람되고 있었습니다. 드디어 1534년 10월 18일에는 소위 '벽보사건'이 발생합니다. 로마교의 화체설 교리를 반대하는 벽보가 나붙었고, 프로테스탄트들의 공개적인 저항이 일어난 것입니다. 프랑스 왕 프랑소와 1세는 이를 중시하여 프로테스탄트들을 탄압하기 시작합니다. 이와 같은 정치적 변혁기에 칼빈은 파리를 떠나 스트라스부르크를 거쳐 바젤로 도피하였습니다. 이때가 1535년 1월이었습니다. 이곳에서 그는 프로테스탄트 최고의 저작이자 16세기 종교개혁 이래로 기독교의 가장 중요한 신학적 고전으로 불리는 『기독교 강요』를 집필하게 됩니다.

기독교 강요의 집필

칼빈은 1535년 1월 바젤에 도착한 이래로 학문 연구에 진력하고자 했습니다. 자신은 학문 연구와 저술의 소명을 받았다고 믿고 있었습니다. 그의 첫 신학 저술인 『싸이코파니치아』(Psychopannychia)는 1542년에 출판되었지만, 사실은 1534년에 저술한 책입니다. 이 책에서 칼빈은 사람이 죽은 후 부활 때까지 영혼의 상태에 대해 설명하면서, 죽은 후에 영혼은 잠을 잔다는 소위 '영혼수면설'(the doctrine of the sleep of the soul)을 비판합니다. 이 책은 프랑스 등지에서 재침례파들에 의해 유포되고 있던 영혼수면설을 비판한 것으로, 칼빈의 첫 신학 작품이자 재세례파에 대한 첫 비판서라고 할 수 있습니다.

바젤에 도착하여 어느 정도 안정을 누리게 된 칼빈은 교회의 바른 신앙을 제시하기 위하여 또 다른 책을 저술하고자 했습니다. 이곳에서 그는 일년도 채 안 되는 기간동안 엄청난 노력으로 또 한권의 책을 저술했습니다. 그것이 1535년 8월 탈고한 『기독교 강요』(Christianae Religionis Institutio)입니다. 기독교 신앙 전체에 관한 요약이라 할 수 있는 이 책 초판은 전 6장 516쪽으로 구성되었습니다. 첫 네 장에서는 율법, 신경(信經), 주기도문, 성례를 취급하였고, 마지막 두 장에서는 논쟁의 주제였던 천주교의 오도된 성례관을 비판하고 그리스도인의 자유의 문제를 프로테스탄트 입장에서 요약하였습니다. 첫 네 장의 내용이나 형식을 볼 때, 루터가 1529년에 썼던 소요리문답서(Kleine Keatechismen)를 모방한 것으로 추측됩니다.

칼빈이 이 책을 쓴 것은 보다 현실적인 필요에 의한 것이었습니다. 프랑스 왕 프랑소와 1세에게 헌정된 사실에서 암시되고 있듯이 이 책은 프로테스탄트 신앙을 간명하게 가르치려는 교육적 의도와 더불어 박해받는 복음주의자들의 입장을 옹호, 변증하려는 목적으로 썼던 것입니다. 다시 말하면 이 책을 통해 프로테스탄트의 교리적 입장을 변호(apologia pro fide sua)하고, 복음주의자들이 급진적인 그룹들과는 다르다는 점을 보여줌으로써 1534년 10월의 벽보사건 이후 박해 받던 프랑스 복음주의자들을 변호하려는 변증적 동기에서 이 책을 저술한 것입니다. 이 책은 1536년 3월 바젤에서 출판되었고, 커다란 반향을 불러 일으켰습니다. 라틴어로 저술되었던 초판은 9개월 만에 매진되었고, 그 수요는 확대되어 갔습니다. 초판을 증보한 제2판 또한 라틴어로 1539년 스트라스부르크에서 실로 꿰맨 책(folio volumn)으로 출판되었습니다. 제2판은 1541년 불어로 번역되어 나왔습니다. 제2판은 17개 장으로 구성되었는데, 초판에 비해 3배

크기로 증보되었습니다. 이때부터 계속하여 개정과 증보를 거치게 되는데, 제3판은 1543년(불어판은 1545년)에, 제4판은 1550년(불어판은 1551년)에, 제5판 결정판은 1559년(불어판은 1560년)에 나옵니다. 이것이 오늘 우리에게 알려진 『기독교 강요』입니다. 결정판은 전 4권 80장으로 구성되어 있는데, 제1권은 창조주 하나님과 우리 인간에 대한 지식, 제2권은 그리스도 안에서 구속주로서의 신지식, 제3권은 그리스도 안에서 구원을 유효하게 하는 성령의 역사, 그리고 제4권은 교회, 은혜의 방편, 국가 정부에 대해 기록하고 있습니다.

파렐과 제네바

칼빈은 1536년 4월 『기독교 강요』를 출간한 후 이탈리아를 거쳐 다시 바젤로 돌아왔습니다. 이제 그는 신앙의 자유를 누릴 수 있는 스트라스부르크로 가고자 했습니다. 이곳은 종교적인 관용 정책을 쓰는 곳이었으므로 재세례파는 이곳을 '의의 피난처'라고 불렀습니다. 칼빈은 이곳에서 편안히 연구에 몰두할 생각이었습니다. 그러나 당시 정치적 상황, 곧 합스브르그가(家)와 발로이스 간의 전쟁(Hapsburg-valois wars, 1536-1538)때문에 칼빈은 스트라스부르크로 직행할 수 없었습니다. 그래서 칼빈은 제네바를 경유하여 최종 목적지인 스트라스부르크로 가는 길을 택했습니다. 이것이 칼빈의 생애를 인도하시는 하나님의 특별한 섭리라고 말하는 것이 적절한 표현일 것입니다. 칼빈이 제네바에 도착했을 때가 1536년 7월이었습니다. 그는 이곳에서 며칠을 유한 후 다시 스트라스부르크로 떠날 계획이었습니다. 제네바는 프랑스와 인접한 도시로서 레만 호수를 끼고 있는 아름다운 도시입니다.

그런데 칼빈이 제네바에 왔다는 소식을 접한 기욤 파렐(Guillaume Farel, 1489-1565)은 칼빈을 찾아가 제네바에 남아서 함께 개혁운동에 동참해 줄 것을 강권하였습니다. 여기서 프랑스인 파렐이 어떤 인물인가에 대해 소개하고자 합니다. 파렐은 프랑스 개혁운동의 선구자 르페브르(Jacques Lefevre d'Estaples, 1455-1536)의 제자입니다. 도피네의 갑(Gap) 출신인 그는 프랑스 인문주의자들의 모임이었던 모(Meaux) 그룹의 일원이었습니다. 모는 프랑스 북부의 도시 이름입니다. 파렐은 1521년 프로테스탄트 신앙을 받아들이고 개혁운동을 전개하여 1530년에는 뉴샤텔(Neuchâtel)을 개신교의 도시로 만들었습니다. 1532년부터는 제네바에 와서 안토안느 프로망(Antoine Froment, 1508-1581)과 스위스 출신 비에르 비레(Pierre Viret, 1511-1571)의 도움을 받으며 다시 개혁운동을 전개하였습니다. 그는 신학토론을 통해 개혁신앙 운동을 전개하였고, 1535년 8월에는 성 삐에르 성당의 설교자가 됩니다. 프로테스탄트 신앙을 전파하였고, 1536년 5월 21일에는 제네바 시민들로 구성된 총회에서 미사를 금지하고 복음주의 신앙을 받아들이기로 결의하여 종교개혁을 단행했습니다. 그로부터 약 2달 후 칼빈이 제네바에 온 것입니다.

파렐은 목소리가 우렁차고 다혈질적인 인물로서, 교회개혁을 단행했으나 개혁의 내실을 다질 그런 점은 다소 부족했습니다. 이런 상태에서 칼빈이 왔다는 소식을 듣고 그를 찾아간 것입니다. 그리고 제네바에 남아서 개혁에 동참해 주기를 요청했습니다. 칼빈은 학문연구에만 진력하겠다며 거듭 파렐의 요청을 거절했습니다. 격앙된 파렐은 "당신이 만일 이 절박한 도움을 거절한다면 하나님의 저주가 있을 것이다."고 선언합니다. 순간 칼빈은 심한 충격을 받았습니다. 이것이 단순히 파렐의 권고가 아니라 하나님의 음성으로 들려왔습니다. 칼빈은 이때의 상황에 대해 1557년에 쓴 시편 주석에서 "마치 하나님의 강한 손이 나를 붙들기 위하여 하늘로부터 나에게 내려오신 것 같았다."고 썼습니다. 결국 칼빈은 제네바에 남게 되었고, 1536년 8월 중순부터 제네바 교회의 성경강해자(reader in Holy Scripture in the Church of Geneva)라는 직함으로 제네바 개혁운동에 참여하게 됩니다. 1536년 당시 제네바는 1만 명 내지 1만 3천의 인구를 가진 도시였습니다. 윤리적 수준이 낮은 여러 부류 사람이 살고 있었으므로 향락적 분위기가 이 도시의 도덕 향상을 방해하고 있었습니다.

칼빈의 제1차 제네바 개혁기

제네바에 남게 된 칼빈은 1536년 7월부터 시의회에 의해 추방되는 1538년 4월까지 일하게 됩니다. 이 기간을 '제1차 제네바 개혁기'라고 말합니다. 이 기간동안 칼빈은 성 뻬에르 성당에서 로마서부터 성경강해를 시작했습니다. 이 일에서 칼빈은 두각을 나타내기 시작하였습니다. 또 칼빈은 파렐과 더불어 개혁이 단행된 이 도시에 명실상부한 개혁교회를 설립하는 일에 몰두했습니다. 이 일을 위해 개혁자들은 특히 세 가지 문서를 만들고 개혁을 추진했습니다. 첫 문서가 1537년 1월 16일 제네바 시의회에 제출한 '제네바 교회의 조직과 예배에 관한 조례'(*Articles on the Organization of the church and its worship at Geneva*)입니다. 이 문서의 내용은 교리문답교육을 강조하고, 매주일 예배 때마다 성찬식을 시행해야 한다는 것과 또 엄격한 치리(discipline)의 시행이었습니다. 이것은 칼빈신학의 중요한 주제이기도 한 성화의 삶을 위한 것이었습니다. 칼빈이 엄격한 치리를 강조한 것은 성찬의 합당한 시행과 더불어 성화적 삶을 위한 것이었습니다.

두 번째 문서는 1536년 11월 10일 시의회에 제출한 '신앙고백서'(Confession of the Faith)입니다. 21개 항으로 구성되어 '21개 신조'라고 부르기도 합니다. 이 문서는 로마 천주교회와 재침례파의 위험을 예견하면서 개혁신앙이 그들과 다르다는 점을 나타내기 위한 목적으로 작성된 것입니다. 이 문서에 서명하도록 요구한 일은 반발을 불러일으키기도 했습니다. 셋째 문서가 청소년 교육을 위한 '제네바 신앙문답서'(Genevan Catechism)입니다.

이러한 문서를 중심으로 명실상부한 개혁을 추진했으나, 개혁자들과 제네바 시의회는 특히 권징권(勸懲權)의 문제로 대립하였습니다. 칼빈은 권징의 문제는 교회의 고유 권한이라고 주장했으나 시의회는 취리히의 모범을 따라 시의회의 권한이라고 주장하였습니다. 시의회는 1538년 1월 칼빈과 파렐의 파문(출교)권을 박탈하였고, 시 당국과 개혁자들 간의 갈등은 심화되었습니다. 결국 시의회는 1538년 4월 23일 칼빈과 파렐의 제네바 추방을 결의합니다. 칼빈과 파렐은 바로 그날 제네바를 떠났습니다. 칼빈이 제네바에 온 지 꼭 22개월만이었습니다.

제네바를 떠난 칼빈과 파렐은 일단 바젤로 갔습니다. 파렐은 곧 뉴사텔로 가 그곳 교회에서 봉사하게 됩니다. 반면 칼빈은 바젤에 남아 있고자 했으나 스트라스부르크의 부써(Martin Bucer)로부터 두 차례의 초청을 받고 그곳으로 가기로 합니다.

스트라스부르크에서의 칼빈

칼빈이 스트라스부르크에 도착했을 때는 1538년 9월이었습니다. 이때로부터 1541년 8월까지 만 3년간 칼빈은 스트라스부르크에 체류합니다. 이 기간 동안의 칼빈의 삶과 목회, 연구와 저술은 그 자신에게 큰 영향을 주었습니다. 특히 이 때에 부써, 카피토 등 개혁자들과 접촉하면서 칼빈은 부써로부터 교회관 예배관 성례관 등에서 영향을 받게 됩니다. 그래서 부써 학자들은 칼빈이야말로 부써의 사상을 강력하고 위대하게 실행한 인물로 묘사하기도 합니다.

스트라스부르크에서 칼빈의 활동을 몇 가지로 나누어 소개하겠습니다.

첫째는 프랑스 피난민들을 위해 목회자로 일했습니다. 400-500명으로 구성된 교회에서 처음 설교한 날이 9월 8일이었습니다. 신교의 자유를 찾아온 프랑스인 공동체를 칼빈은 '작은 프랑스 교회'라고 불렀습니다. 이들이 성 니콜라스(St. Nicholas) 교회당에서 회집하였기 때문에 '성 니콜라스 교회'라고 불리기도 했습니다. 칼빈은 정기적인 설교, 성경강해 외에도 예배의식의 확립을 위해 노력하였으며 부써의 예배의식을 따랐습니다. 이것이 후일 개혁교회 예배의 모형이 되었습니다. 교회음악에 있어서 칼빈의 강조점은 시편송이었습니다. 그는 시편송을 선호하여 시편송이 예배음악이 되어야 한다고 믿었습니다. 이런 취지에서 1539년에는 『시편찬송』(Psalmody)을 불어로 출판했습니다.

둘째는 저술활동인데, 이것은 그의 계속된 연구의 결과라고 할 수 있습니다. 우선 1536년에 출판했던 『기독교 강요』를 증보하여 1539년 제2판을 출판했습니다. 전 6개 장에 불과하던 초판이 17개 장으로 늘어났고, 1536년도의 초판에 비해 3배 정도로 증보되었다는 점은 앞에서 소개했습니다. 또 성경주석을 집필하기 시작하였습니다. 첫 주석인 로마서 주석은 1539년 출판되었습니다. 주석 집필은 그의 생애동안 계속 되어서 요한계시록을 제외한 모든 성경주석을 집필하였습니다. 그가 쓴 마지막 주석은 여호수아 주석입니다. 그 외에도 『사돌레토에 대한 답변』(Reply to Satoleto)을 써서 교회개혁의 의의와 목적, 필요성에 대해 진술하였습니다. 그 외에도 『기도서』(Form of Prayers, 1540), 『우리 주님의 성만찬에 관한 소고』(Little Treatise on the Holy Supper of Our Lord, 1541) 등을 집필하였습니다.

셋째는 다른 개혁자들과의 교제였습니다. 칼빈은 부써와의 교제를 통해 예배와 교회론에 대해 많은 영향을 받았고, 카피토와도 깊이 교제하여 영향을 주고 받았습니다. 또 스트라스부르크를 대표하여 프랑크푸르트(Frankfurt, 1539), 하게나우(Hagenau, 1540), 보름스(Worms, 1540-1541), 레겐스부르크(Regensburg, 1541) 등지의 종교토론회에 참여하여 여러 개혁자들과 교제하였습니다. 이러한 교제를 통해 자신과 다른 프로테스탄트 동료들 간의 신학적 일치와 차이를 확인할 수 있었습니다. 1539년 2월에는 멜랑흐톤(Philip Melanchton)을 만나 교제하였습니다. 칼빈의 신학적 깊이를 확인한 멜랑흐톤이 칼빈을 '그 신학자'(the theologian)고 불렀던 일은 널리 알려져 있습니다.

넷째는 이곳에서 파렐의 주례로 결혼하였습니다. 31세인 1540년 8월 6일에 라에쥬(Liege)의 쟝 스또르데(Jean Stordeur)의 미망인이었던 이들레뜨 드 뷔르(Idelette de Bure)와 결혼하였습니다. 그의 부인은 재침례교도였으나 칼빈의 인도로 개혁교회로 돌아온 자로서, 남편이 페스트로 죽고 두 남매를 키우고 있던 과부였습니다. 칼빈의 결혼생활은 건강 외에는 행복하였다고 합니다. 1542년 7월 28일 아들을 출산했으나 조산으로 곧 사망했습니다. 불행하게도 부인마저 건강이 좋지 못해 결혼한지 9년 만인 1549년 3월 29일 사망합니다. 1549년 4월 7일과 10일, 칼빈은 비레와 파렐에게 각각 편지를 보내며 자기 아내가 최근에 세상을 떠났다고 했습니다. 이 편지에는 아내와의 사별에 대한 그의 인간적인 아픔과 슬픔이 그대로 나타나 있습니다. 칼빈은 뷔르와 사별한 후 재혼하지 않고 평생을 독신으로 지냅니다. 칼빈을 비난하기 위해서 천주교측 기록에서는 칼빈의 아내가 답답함과 지루함을 견디지 못해 죽었다고 혹평하고 있지만 모함임에 틀림없습니다.

스트라스부르크에서 보낸 3년간은 칼빈에게 있어서 실로 유익한 날들이었습니다. 이 기간 동안 그의 목회와 연구, 저술과 다른 개혁자들과의 교제는 칼빈을 더욱 원숙한 신학자로 만들어갔습니다.

칼빈의 제2차 제네바 개혁기

칼빈이 제네바를 떠나 있는 3년간 제네바에는 많은 변화가 있었습니다. 칼빈이 없는 제네바는 혼란과 무질서가 팽배했고, 사회적으로 많은 문제가 야기되었습니다. 이렇게 되자 칼빈의 제네바 귀환을 요구하는 목소리가 점점 커지게 되었고, 결국 1540년 9월 21일 제네바 시의회는 칼빈의 귀환을 공식적으로 요청하게 됩니다. 칼빈은 몇 차례의 귀환 요청을 받고도 제네바로 돌아가기를 주저하였습니다. 그러던 중 1541년 2월 말에 파렐의 편지를 받습니다. 파렐은 강력하게 칼빈의 제네바 귀환을 권고하며 "제네바의 돌들이 돌아오라고 부르짖을 때까지 기다리겠느냐?"고 질책합니다. 이번에도 칼빈은 파렐의 권고를 하나님의 지시로 알고 제네바로 돌아가기로 결심하였습니다. 제네바 시의회는 1541년 5월 1일, 3년 전인 1538년 4월 23일에 결의했던 칼빈과 파렐의 추방령을 취소합니다. 그래서 칼빈은 1541년 9월 제네바로 돌아갔고, 이때부터 1564년 하나님의 부름을 받기까지 23년간 일했습니다. 이 기간을 '칼빈의 제2차 제네바 개혁기'라고 말합니다.

교회규정

제네바로 돌아온 칼빈은 1538년 제네바를 떠날 때 했던 설교 본문에 이어 강해설교를 하면서 목회자로서의 역할을 시작했습니다. 그의 설교는 개혁의 수단이었습니다. 그는 매일 설교했으며 주일에는 3번 설교하여 일년에 260회 정도 설교했다고 합니다. 설교는 속기사에 의해 기록되어서 현재 남아 있는 칼빈의 설교목록은 약 2,050편에 달합니다. 이 중에 완벽한 형태로 보존되어 있는 것이 구약이 571편, 신약이 397편입니다. 칼빈은 참된 교회의 표식(signum)으로 말씀과 성례를 말했는데, 이 점은 루터파와 다르지 않습니다. 그러나 루터는 하나님 말씀의 올바른 선포만을 강조했지만, 칼빈은 말씀의 바른 선포만이 아니라 청중도 바르게 들어야 한다는 점을 강조했습니다. 다시 말하면 칼빈은 루터파와는 달리 바른 말씀의 선포가 이루어지도록 청중은 성경 강해와 설교를 경청하고, 그것이 진정한 말씀의 선포가 되도록 듣는 귀를 가져야 할 것을 강조한 것입니다. 오늘 한국 교회의 설교가 때로 '연설' 혹은 심한 경우 시사평론으로 왜곡된 것은 바로 들어야 할 청중의 책임도 적지 않다고 생각합니다. 교회개혁과 쇄신을 위해서는 설교자의 책임 못지 않게 청중에게도 책임이 있습니다. 청중은 설교자의 바른 선포를 위해 파수군의 역할을 해야 합니다.

제네바로 돌아온 칼빈에게 가장 시급한 과제는 제네바 교회를 조직하고 교회규정을 확립하며, 제네바를 영적, 도덕적으로 개혁하는 일이었습니다. 그래서 칼빈은 제네바 개혁운동에서 자유, 질서, 치리, 이 세 가지 점에 유의하면서 교회규정을 법제화하였습니다. 이것은 그가 스트라스부르크에서 보고 알게 되었던 독일의 개혁운동에 대한 반성의 결과였습니다.

우선 그는 제네바로 귀환한 지 약 두 달 후인 1541년 11월 20일, 교회헌법이라고 할 수 있는 '교회규정'(*Ecclesiastical Oreinances*)을 작성하여 시의회에 제출하였습니다. 이것은 약간의 수정을 거쳐 1542년 1월 2일 시의회에서 채택되었습니다. 이 문서에서는 신약성경 원리에 따라 4종의 직분, 곧 목사(Pastors, Pasteurs), 교사(doctors, docteurs), 장로(elders, anciens), 집사(deacons, diacres)를 두었습니다. 칼빈은 이 네 직분을 하나님이 정하신 직분들(Jus Divinum)이라고 본 것입니다. 이 문서에서, 목사는 하나님의 말씀을 설교하고 성례를 집행할 책임을 지며, 교사는 자격 있는 목사를 양성하며 신앙교육의 의무를 지닌 것으로 설명했습니다. 또 장로는 시민의 생활을 감독하며 그릇된 행동을 사랑으로 징계하여 바른 길로 인도할 의무를 지니고, 집사는 가난한 사람들을 돌보고 병원을 운영하는 일이 위임되었습니다. 이와 같은 네 직분을 통해, 제네바 교회 뿐만 아니라 제네바 시를 개혁하고 질서유지와 훈련을 감당하도록 한 것입니다. 칼빈은 국가 혹은 정치의 독립성을 인정하면서도 교회와 긴밀한 관계 아래 두었고, 제네바 시를 하나의 교회적 구조로 이해하였습니다.

감독회

칼빈은 교회 헌법에서 제네바 시의 질서를 유지하고 시민들의 생활을 감독하고 정화하기 위한 목적으로 목사와 장로로 구성되는 감독회(Consistorium, Consistory)를 설치하였습니다. 이것을 '종교법원' 혹은 '치리법원'으로 번역하기도 하는데, 현재의 당회에 해당합니다. 감독회는 12명의 목사와 12명의 장로들, 곧 24명으로 구성되었습니다. 교회에 속한 치리기관이었으므로 이곳에서의 치리는 수찬정지와 파문까지였습니다. 그 이상의 것은 제네바 시 법에 의해 다스려졌습니다. 기록에 의하면 제네바 시는 첫 5년간, 56건의 사형선고와 78건의 추방이 있었다고 합니다. 따라서 제네바 시의 도덕과 풍속은 향상되어, 도박이 사라졌고 무도회는 금지되었으며 음행은 현저하게 줄어들었다고 합니다. 시민의 오락을 금지할 수 없으므로 제네바시의 5개 처를 지정하여 그곳에서만 오락과 적당한 술을 마실 수 있도록 하였다고 합니다.

청소년 신앙교육서, 예배모범

칼빈의 '교회규정'에서는 제네바 교회의 개혁을 위한 이상을 표명하였는데, 청소년 신앙교육과 관련된 규정은 칼빈에게 매우 중요한 것이었습니다. 그는 1542년 문답형식으로 작성된 '신앙교육서'(Catechism)는 이름 그대로 '교리문답서'라고 불립니다. 이것은 칼빈이 스트라스부르크에서 목회할 때 사용하였던 문서를 제네바 형편에 맞게 수정 보완한 것이었습니다. 이 '신앙교육서'는 청소년들의 신앙교육을 위한 것으로서 사도신경, 십계명, 주기도문, 성례, 교리 순으로 배열되었습니다.

또 한 가지 예배모범에 관한 문서로 '교회의 기도와 찬송의 혁신'이 있습니다. 이 문서 역시 스트라스부르크의 의식서에서 차용해 온 것으로서 제네바 교회 예배에 관한 것입니다. 이상의 문서는 칼빈의 교회관과 예배관의 일면을 보여 주는 문서라고 할 수 있는데, 스트라스부르크의 개혁자 부써의 영향이 지대했습니다.

칼빈을 반대한 사람들

칼빈은 위대한 개혁자였지만 항상 칭송만 받은 것은 아닙니다. 많은 반대에 직면하기도 했습니다. 무엇보다도 신앙 원리에 따라 살지 않는 이들을 치리하거나 수찬을 정지시키려 했던 일은 거센 반발을 초래했습니다. 신학적으로 칼빈을 대적하는 이들도 적지 않았습니다.

칼빈의 개혁을 반대했던 세력은 크게 세 부류였습니다. 첫째는 사사로운 개인감정이나 정치적 반대 세력으로, 대표적인 경우가 아미 페렝(A. Perrin)이었습니다. 수석 행정관이었던 그는 부도덕한 일로 치리를 당하자 칼빈을 "우리 시대의 우스운 시저"라고 조롱했습니다. 둘째는 자유방임파라고 불리는 리베르틴파들(Libertines)이었고, 셋째는 칼빈과 신학적 입장을 달리하는 이들이었습니다. 칼빈과 신학적 견해를 달리했던 이들, 곧 볼섹(Jerome Bolsec, ?-1584), 세바스티안 카스텔리오(Scbastian Castellio, 1515-1563), 미카엘 세르베투스(Michael Servetus, 1511-1553), 장 트롤리에 등은 대부분 리베르틴파였습니다. 이들은 예정과 선택, 삼위일체 교리를 부정하였고, 교리적 문제로 칼빈을 비난했습니다.

특히 스페인 나바르 출신인 미카엘 세르베투스는 신학, 법률, 의학에 있어서 비범한 재능의 소유자였습니다. 그는 1531년부터 삼위일체 교리를 반대하였고, 1553년에는 『기독교의 회복』(Restitution of Christianity)이라는 책을 출판하여 콘스탄틴 이후의 기독교는 교회와 국가 간의 유착이었다고 비판하였습니다. 따라서 삼위일체 교리를 확정하였던 니케야 종교회의(325)는 하나님의 뜻에 배치되는 것이라고 주장하였습니다. 특히 그는 이 책에서 칼빈의 『기독교 강요』를 공박하면서 삼위일체론은 "대가리가 셋인 지옥의 개"와 같은 것이라고 악담하기도 했습니다. 그는 후에 제네바에서 재판을 받고 1553년 10월 26일 화형(火刑)에 처해졌습니다. 칼빈은 화형보다 덜 고통스러운 참수형을 내려줄 것을 시의회에 요청했으나 거부되었습니다.

세르베투스 처형건으로 칼빈은 큰 비난을 받았습니다. 칼빈은 자신의 처신이 정당한 것임을 말하기 위해 처형이 집행된 이듬해인 1554년 2월 『성삼위일체의 정통 교리에 대한 변호』(The Defense of the Orthodox Faith in the Sacred Trinity)라는 책을 출판한 일이 있습니다.

제네바 아카데미의 설립,
후기의 날들

칼빈의 개혁활동에서 한 가지 중요한 것은 제네바 아카데미(Geneva Academy)라는 교육기관을 설립한 일입니다. 1559년 5월에 제네바 소의회의 허락을 얻고 6월 5일 정식 개교하였으며 개교 당시 입학생은 162명이었습니다. 학장 겸 희랍어 교수로 데오도 베자(Théodore Bèza, 1519-1605)가 임명되었습니다. 학교를 설립하고 유럽 교회에 보낸 편지에서 칼빈은 "여러분은 통나무를 보내주십시오. 우리는 불 붙는 장작을 만들어 돌려보내겠습니다."라고 썼습니다. 다듬어지지 못하고 수련되지 못한 이들을 훈련시켜 복음으로 불타는 사역자를 양성하겠다는 의미일 것입니다.

제네바 아카데미는 분명한 교육이념, 잘 짜여진 교육목표, 우수한 교수진로 유럽에서 명성을 얻었고, 곧 독일 루터파 신학의 중심지였던 비텐베르크 대학을 능가하게 됩니다. 설립된 지 5년 후에는 약 300명의 학생이 등록하였고, 이 아카데미의 부속기관이었던 신학예비과정(College)에는 1천명 이상이 적을 두고 있었습니다. 제네바 아카데미에서는 성경언어와 철학, 변증학, 신학 등이 교수되었고, 아카데미의 예비과정에서는 고전어와 고전(古典), 논리학 등 교양과정이 주로 교수되었습니다. 이곳에서 수많은 설교자와 교수, 교사들의 양성되었고 유럽 전역에 개혁신앙을 보급하는 근원지가 되었습니다.

후기의 집필활동

칼빈은 그의 생애 말기에 해당하는 1550년대 말에도 휴식을 모르고 왕성한 활동을 계속하였습니다. 칼빈은 정기적인 설교와 강의, 교수와 집필, 상담과 면담 등으로 바쁜 나날을 보냈습니다. 이런 일련의 활동은 바른 교회를 세워가기 위한 것이었습니다. 현재 출판된 60여권의 칼빈전집(Calvini Opera Omria)만 보더라도 그의 저술과 집필 활동이 얼마나 방대하며 광범위했는가를 짐작할 수 있습니다.

칼빈은 요한계시록을 제외한 신구약 전권에 대한 주석을 집필했습니다. 이것은 하나님의 말씀에 대한 깊은 관심과 애정을 보여주는 것입니다. 또한 칼빈은 23년 동안 『기독교 강요』를 수정하고 보완하는 등 증보를 계속했습니다. 1559년 극도로 쇠약한 상태에서도 『기독교 강요』를 증보하는 일에 열정을 쏟았고, 드디어 사도신경의 구조에 따른 전 4책 80장으로 된 『기독교 강요』 결정판을 출판하게 되었습니다. 이런 칼빈의 개혁활동으로 제네바는 유럽의 대지(大地)에 개혁의 빛을 전파하는 '영적인 모국'(Spiritual motherland)의 역할을 감당한 것입니다.

칼빈의 죽음

칼빈에게 있어서 건강은 가장 힘겨운 도전자였습니다. 병약했던 칼빈은 금식과 산적한 업무로 더욱 쇠약해졌고, 충분한 수면도 취하지 못했습니다. 부과된 업무 때문에 세끼의 식사를 채우지 못하는 경우가 적지 않았습니다. 병약한 그를 '이동하는 종합병원'이라고 불렀던 일은 널리 알려져 있습니다. 주변의 여러 사람들로부터 휴식을 취하도록 요청받기도 했으나, 칼빈은 "당신은 주께서 나를 게으르다고 책망하시기를 원하는가?"고 반문했다고 합니다. 꼭 참석해야 하는 모임에 건강이 여의치 못하면 들것에 실려 참여한 일도 있었습니다. 1563년 초까지는 다소 불편하더라도 정상적으로 일을 할 수 있었습니다. 그러나 점차 건강은 약화되어 갔고 기력은 쇠약해 갔습니다.

칼빈이 비레(Viret)에게 보낸 편지에 의하면 1542년 곧 그의 나이 33세 때, 벌써 시력이 약화되고 있다는 언급이 있습니다. 말년에는 치질, 두통과 위장병이 심했고, 무엇보다도 폐가 좋지 못하여 활동에 제약을 받았습니다. 칼빈은 1554년 욥기 설교에서 자신은 죽음으로부터 10시간 거리에 있다고 말하기도 했습니다. 1564년 그의 건강은 더욱 악화되어 그해 2월 2일에는 마지막 강의를, 2월 6일에는 성 삐에르 성당에서 마지막 설교를 했습니다. 그리고는 임종시까지 상한 몸을 가누며 여호수아서 주석 집필을 위해 마지막 정열을 쏟았습니다. 4월 25일에는 이 땅에서의 날이 길지 않음을 예견하면서 유언을 남겼습니다. 5월에는 오랜 개혁운동의 동료이자 그의 생애에 커다란 전환점을 가져왔던 파렐에게 편지를 썼는데, 5월 2일 자로 된 이 편지는 칼빈의 마지막 편지가 되었습니다. 이 편지에서 칼빈은 파렐에게 마지막 날들을 함께 보내자고 부탁하였습니다.

칼빈은 이 땅에서 55년의 생애를 마감하고 1564년 5월 27일 토요일 저녁 베자(Théodore Bèza, 1519-1605)의 품 안에서 하나님의 부름을 받습니다. 그는 임종시까지 맑은 정신을 가지고 있었고, 시편 39편 9절 "내가 잠잠하고 입을 열지 아니함은 주께서 이를 행하신 까닭이니이다"는 말씀을 암송하고 있었다고 합니다. 베자는 칼빈의 죽음에 대해서 이렇게 썼습니다. "해가 지는 그날, 지상에서 하나님의 교회를 인도하던 가장 큰 빛이 하늘로 돌아가고 말았다." 칼빈이야 말로 하나님의 영광만을 위해 일했던 '하나님의 말씀의 사역자'(a minster of the word of God)였습니다.

칼빈이 사망한 후 베자는 그의 후계자가 됩니다. 베자는 제네바 아카데미 초대 학장이자 교수로서 그곳에서 약 40년간 가르쳤고, 국제적 명성을 얻고 있었습니다. 루터 사후 루터파는 심각한 내분에 휩싸였으나, 제네바가 그런 아픔을 겪지 않았던 것은 베자의 지도력 덕분이었습니다.

제8장
낙스와 스코틀랜드에서의 교회개혁

독일과 스위스에서 일어난 개혁운동에 이어서 이제부터는 스코틀랜드에서 일어난 개혁 운동에 대해 살펴보고자 합니다. 스코틀랜드에서의 교회개혁은 후에 장로교로 발전하였고, 오늘의 세계 장로교회의 원류가 되었다는 점에서 매우 중요합니다. 스코틀랜드 개혁운동, 곧 장로교 신앙운동은 미국, 캐나다, 호주, 뉴질랜드 등지로 전파되어 그곳에 장로교가 세워졌고, 또 미국 호주 캐나다 장로교회는 1880년대 이후 한국에 선교사를 파송함으로써 한국에 장로교회를 소개하였습니다. 이런 점에서 스코틀랜드 장로교회는 한국 장로교회의 원류라고 할 수 있습니다.

개혁운동의 선구자들

스코틀랜드에서의 종교개혁은 유럽의 다른 나라들, 이를테면 독일이나 스위스, 영국에 비해 시기적으로 후기에 해당합니다. 그것은 스코틀랜드의 지리적 위치와 당시의 정치적 상황 때문이었습니다. 잉글랜드 북쪽에 위치한 약소국이었던 스코틀랜드 왕국은 잉글랜드인들의 빈번한 침입을 받았고, 이들을 대항하기 위해서 보다 강력한 나라로부터 도움을 받지 않으면 안 되었습니다. 그래서 스코틀랜드는 전통적으로 프랑스와 선린관계를 유지하고 있었습니다. 당시 프랑스는 유럽의 강력한 국가이자 종교적으로 대표적인 천주교 국가였으므로, 스코틀랜드도 오랫동안 천주교의 우산 아래 있었습니다.

그런데 스코틀랜드에도 차츰 프로테스탄트 사상이 스며들기 시작합니다. 물론 그 이전부터 위클리프의 추종자들인 롤라드파(Lollards)와 보헤미아의 후스파의 영향도 없지 않았지만, 간간이 스며들던 프로테스탄트 사상은 급속도로 전파됩니다. 극심한 박해에도 불구하고 새로운 교리를 신봉하는 자들의 숫자는 증가하였고, 1528년에는 최초의 순교자가 생겨납니다. 그가 바로 패트릭 해밀턴(Patrick Hamilton, c. 1504-1528)입니다. 다재다능했던 그는 1524년 10월 세인트 앤드류(St. Andrews) 대학교의 교수가 됩니다. 그는 대학에서 프로테스탄트 신앙을 가지고 신약 성경을 강의했는데, 당시 악명 높았던 세인트 앤드류스의 대주교 제임스 비튼(James Beaton, d. 1539)에게 소환 당하자 곧 독일로 망명합니다. 독일에서 그는 마르부르크 대학에서 공부하였고, 신교신앙을 표방하는 최초의 교리서를 간행하기도 합니다. 그러나 그는 귀국 후 체포되어 1528년 2월 29일 화형을 당했습니다. 그의 나이 24세 때였습니다.

해밀턴의 순교에서부터 종교개혁이 성취되기까지 30여 년간, 약 20여 명의 개신교도들이 화형을 당했습니다. 조지 위샤트(George Wishart, 1512-1546), 토마스 포렛트(Thomas Forret), 월터 밀른(Water Milne) 등이 대표적인 인물입니다. 어떤 사람은 신앙의 자유를 누리기 위해 스코틀랜드를 떠나기도 했는데, 알레시우스(Alesius, 1500-1557), 마카베우스(Macchabaeus, d. 1557) 등이 대표적인 경우입니다. 알레시우스는 독일에서 교수로 활동하였고, 마카배우스는 덴마크에서 교회개혁 운동에 헌신합니다.

이들 가운데 훗날 존 낙스에게 결정적인 영향을 준 사람이 조지 위샤트였습니다. 그는 낙스에게 개혁신앙을 소개하고 그리스도의 사람이 되게 했을 뿐만 아니라, 그로 하여금 스코틀랜드 전체를 그리스도에게 바치게 했던 인물입니다. 조지 위샤트가 영국에서 돌아와 관헌의 눈을 피해 성경을 강해하러 다닐 때, 존 낙스는 에딘버러에서 멀리 떨어진 어느 시골 귀족 집에서 가정교사로 일하고 있었습니다. 그 당시 낙스는 이미 성직자였는데, 위샤트가 낙스가 일하고 있는 귀족 집에 예배를 드리고 성경을 강해하기 위해 방문했을 때 두 사람은 만나게 되었고, 이 만남은 낙스의 생애에 있어서 하나의 전환점이 됩니다.

개혁자
존 낙스

존 낙스(John Knox, c. 1515-1572)는 스코틀랜드의 개혁자이자 프로테스탄트 운동의 특출한 지도자이며 장로교의 초석을 놓은 인물이지만, 그의 초기 생애에 대해서는 거의 알려져 있지 않습니다. 낙스에 대해 가장 오래된 기록을 남겨 둔 데오도 베자와 다른 이들의 기록을 종합해 보면, 그는 1512년 경에서 1515년 경에 출생했습니다. 1529년에는 세인트 앤드류스(St. Andrews) 대학에 입학하였으나 졸업생 명단에는 낙스의 이름이 없습니다. 그가 로마 가톨릭의 성직자로서 서품 받았을 때는 1536년 경으로 추측됩니다. 그러나 낙스가 언제 프로테스탄트로 개종하였는지에 대해서도 여전히 논쟁점이 되고 있습니다.

1540년대 스코틀랜드에는 대륙의 개혁사상이 여러 지역으로 소개되고 있었습니다. 아마도 상인들을 통해 발틱해 연안으로부터 북부로 유입되기 시작한 것으로 보입니다. 이 개혁신앙은 아버딘(Aberdeen), 퍼스(Perth), 던디(Dundee), 에딘버러(Edinburgh) 등지로 확산되었습니다. 1540년에는 프로테스탄트 찬송가가 『선하고 귀한 노래들』(The Gude and Godlie Ballattis)이란 이름으로 비밀리에 출판되기도 했습니다. 이 찬송가는 대부분 독일어로부터 번역된 것이었는데, 그 후의 종교개혁 사상을 전파하는데 중요한 역할을 감당합니다.

곧 세인트 앤드류스는 개신교 신앙을 신봉하는 사람들과 애국주의자들의 집합소가 되었습니다. 낙스는 1547년 4월 10일 이곳에 왔고, 자신은 원치 않았음에도 불구하고 이곳의 프로테스탄트 집단의 설교자로 부름을 받습니다. 낙스는 이곳에서 4개월간 설교자로 봉사합니다. 그 후부터 스코틀랜드 종교개혁을 위한 가장 중요한 대변자가 됩니다.

세인트 앤드류스가 개신교 운동의 거점이 되자, 왕실은 위협을 느끼고 프랑스에 원병을 요청하게 됩니다. 그래서 1547년 7월 30일,

프랑스 함대는 세인트 앤드류스 앞바다까지 공격하여 이곳을 함락합니다. 많은 개신교도들이 피살되었고, 120여 명에 달하는 젊은이들이 체포되어 프랑스 전함의 노예로 끌려갔는데 낙스도 그들 중의 하나였습니다. 이때부터 낙스는 갈리선의 노예(the Galley Slave)로 19개월 동안 중노동에 시달리게 됩니다. 1549년 초 석방된 그는 조국으로 돌아가지 못하고, 영국으로 가 스코틀랜드와 영국 국경 근처의 도시인 버위크(Berwick)에 정착합니다. 그는 이곳에서 1553년까지 영국 교회의 설교자로 활동했습니다.

그런데 에드워드 6세가 사망하고 메리가 여왕이 되자 낙스는 위협을 느끼고, 영국을 탈출하여 제네바로 갔습니다. 여기서 그는 칼빈을 만나게 됩니다. 낙스는 칼빈으로부터 실로 많은 것을 배우게 됩니다. 1555년 가을에는 조국 스코틀랜드에 비밀리 입국하여 그곳의 정치적 상황을 살펴보는 한편, 마조리(Miss Marjorie Bowes)라는 여성과 결혼합니다. 이 때 낙스는 이미 사십이 넘었으나 마조리는 이십세 전후의 젊은 여인이었습니다. 그러나 불행하게도 결혼한 지 5년이 지난 1560년 낙스의 아내는 세상을 떠납니다. 스코틀랜드에 잠시 체류하는 동안 제네바에 있는 영국 피난민 교회로부터 목사로 청빙 받은 낙스는 1556년 9월 다시 제네바로 돌아갔고, 그해 12월 그곳 영국인들의 교회에 목사로 취임합니다. 당시 교인 수는 200여

명 정도였습니다. 낙스는 이때부터 1559년 1월 조국 스코틀랜드로 돌아가기까지 2년 6개월 동안 제네바의 목회자로 일했습니다.

개혁운동의 전개

낙스가 제네바에 체류하는 동안 스코틀랜드에는 개혁의 분위기가 성숙되고 있었습니다. 프로테스탄트 운동에 대한 탄압이 있었으나 복음주의 신앙운동은 1555년부터 세인트 앤드류스, 스터링, 던디, 에딘버러, 퍼스 등지에 비밀교회(privy kirk)를 조직하면서 급속히 성장합니다. 1555년에서 1556년 사이 스코틀랜드를 방문하였던 낙스에 의해서 스코틀랜드에서는 최초의 개혁교회 방식의 성찬식이 거행된 바 있습니다. 그러던 중 개신교회 연합세력인 소위 '종교개혁 추진동맹'(Lords of Congregation)이 결성됩니다. 여기에는 프랑스를 반대하는 귀족들의 참여가 있었습니다. 이들은 1557년 3월 10일 낙스에게 스코틀랜드로 돌아올 것을 촉구하는 서신을 보냈습니다. 그래서 낙스는 망명생활을 정리하고 1559년 5월 2일 아내와 두 아들을 데리고 스코틀랜드로 돌아갑니다. 이제부터 낙스는 구체적으로 스코틀랜드에서의 개혁을 추진하게 됩니다.

낙스는 귀국한 이후 열정적으로 프로테스탄트 신앙을 독려, 격려하였고, 개혁운동을 위해 진력하였습니다. 그의 재능과 목소리, 용모 그리고 강직한 성품과 신앙적 인격은 그의 설교를 능력 있게 만들어 주었고, 로마 가톨릭에 대한 효과적인 공격은 청중들을 압도하였습니다. 영국 여왕 엘리자베스의 사신인 토마스 랜돌프(Thomas Randolph)는 낙스의 음성이 "5백 개의 나팔보다 더 효과적으로 그들 속에 생명을 불어 넣을 수 있다."고 보고했을 정도였습니다.

낙스는 1560년 4월 이후부터 에딘버러의 성 가일(St. Giles) 교회에서 설교자로 봉사하였습니다. 이때 그는 학개서를 강해하기 시작합니다. 학개서는 이스라엘이 포로생활에서 귀환한 후의 성전재건에 관한 예언서인데 낙스는 이 책을 통해 스코틀랜드 교회 재건의 정신을 고취하고 교회개혁 운동을 격려한 것입니다. 낙스의 개혁활동의 결과 1560년 8월 스코틀랜드 의회는 공식적으로 라틴어 미사를 금지하고, 감독제를 거부하였으며, 로마 가톨릭교회의 모든 집회를 불법화하고 프랑스와 단절을 선언하였습니다. 그리고 여섯 명의 존(John)으로 구성된 신앙고백 준비위원회가 4일 만에 작성한 전 25개 항으로 구성된 신앙고백서를 8월 17일 채택하였습니다. 이것이 바로 '스코틀랜드 신앙고백서'(*The Scot Confession*)입니다. 이 신앙고백서를 작성한 여섯 명의 존이란 존 낙스를 비롯하여 존 윌록(John Willock), 존 윈람(John Winram), 존 더글라스(John Douglas) 그리고 존 로우(John Row)였습니다. 이 신앙고백서는 1647년 웨스트민스터 신앙고백서가 채택되기 전까지 스코틀랜드 개혁교회의 신앙고백서였습니다.

장로교 총회의 조직,
메리와의 대결

1560년 12월, 낙스는 5명의 목사와 36명의 장로들과 함께 스코틀랜드 교회 총회를 조직하였습니다. 이것은 세계 장로교회의 연원이 됩니다. 이때 스코틀랜드 교회는 교회 정치제도로 장로(교회)제도를 채택하였고, 교회 직원은 목사, 장로, 집사로 구성하였습니다. 또 장로와 집사는 일 년에 한 번씩 선거하도록 하였습니다. 신학적으로는 개혁신학을 고수했으나 교회 정치제도는 장로제도를 채택하여 장로교회라고 부르게 된 것입니다.

이때 신앙고백서를 작성했던 동일한 위원회가 '치리서'(*The Book of Discipline*)를 작성했는데, 이는 일종의 교회지침서라고 할 수 있습니다. 이 문서는 개혁을 통해 이룩한 새로운 교회에 대한 청사진을 보여주는 것으로서 당회, 노회, 대회, 총회라고 하는 장로교회의 치리회가 제시되었습니다. 비록 스코틀랜드 의회에 의해 채택되지는 않았으나 많은 내용이 그대로 실행되었습니다. 즉 세례와 성찬식의 단순한 시행과 주일 및 주중 예배규정을 두었고, 충분히 훈련된 목사들이 배출될 때까지 교구를 돌볼 임시직으로서 '독경사'(讀經師, Reader)의 임명, 목사의 선택과 목사와 독경사들의 활동을 감독하는 임시직 '감독'(Superintendent)의 임명에 관해 언급하였습니다. 그리고 장로와 집사를 선택하는 일들을 규정하고 있습니다. '독경사'란 신학교육을 받지 못한 평신도 가운데서 신앙과 행실이 모범적인 사람을 선출하여 예배시간에 성경을 읽도록 하는 사람을 의미합니다. 당시 많은 교회에 충분히 훈련된 목사가 부족하였기 때문에 임시적인 조처로 독경사를 임명하였던 것입니다. 그래서 독경사는 잠정적 조처였고 임시직이었습니다. 그리고 교회개혁이 이루어진 후 아직 교회들이 안정되지 못했기 때문에 여러 지역을 순회하면서 교회를 살피고 지도하는 자가 필요하여 임시직으로 '감독'을 두도록 했던 것입니다.

이 치리서에서 특이한 점은 기독교 교육을 위한 제안이 있었다는 것입니다. 모든 교회는 라틴어 문법과 교리공부를 가르칠 교사를 두고 각 마을마다 고등교육 기관을 세우도록 한 일입니다. 이러한 교육정책의 결과 스코틀랜드에는 고등학교와 대학들이 세워졌고, 결과적으로 유럽에서 가장 문맹률이 낮은 국가가 된 것입니다. 1564년에는 예배 지침서인 '일반예식서'(*The Book of Common Order*)가 작성되어 표준적인 예식서로 사용되었습니다.

낙스가 1559년 스코틀랜드로 돌아온 이후 종교개혁은 성공적으로 진행되고 있었습니다. 그러나 1561년 8월 19일 프랑스에 가 있던 부재국왕(不在國王) 메리 스튜어트(1542-1587)의 귀국은 달갑지 않은 문제를 야기합니다. 스코클랜드왕 제임스 5세(재임기간 1513-1542)가 죽자 갓난 공주인 메리가 여왕이 되었습니다. 메리는 1547년 프랑스 왕자 프랑소와 2세와 약혼하고 이듬해부터 프랑스로 가서 살았지만 1560년 남편이 사망하자 거기 남아 있을 이유가 없었습니다. 그래서 메리는 13년간의 프랑스 생활을 청산하고, 18세의 과부가 되어 스코틀랜드로 돌아왔습니다.

로마 가톨릭 신자인 여왕 메리는 귀국 후 첫 일요일에 국법으로 금지한 미사를 드렸고, 계속해서 미사를 드리겠다고 고집하였습니다. 이것은 갓 이루어진 교회개혁을 부정하는 것일 뿐만 아니라 교회개혁을 반대하는 천주교 귀족들의 저항을 대변하는 것이었으므로 간단한 문제가 아니었습니다. 그래서 낙스는 성 가일교회 강단에서 메리의 미사를 비난하는 우뢰와 같은 설교를 하였고, 메리의 미사를 '새 이세벨'(New Iezebel)의 '우상 숭배'라고 공격하였습니다. 메리의 미사는 침공해 오는 군대보다 더 심각한 문제였습니다. 낙스는 메리와 대결하게 되었으나, 메리가 복잡한 치정관계로 국민들의 불신을 받고 폐위되어 위기를 극복하게 됩니다.

낙스의 죽음,
그 이후

낙스는 1559년 2월 스코틀랜드로 돌아온 이후 13년간 교회개혁을 위한 나팔수(trumpeter)의 사명을 감당하고, 1572년 11월 24일 월요일 저녁 하나님의 부름을 받습니다. 낙스는 전 생애를 살면서 설교란 '주인(주님)의 나팔을 부는 것'(blowing the Master's trumpet)으로 묘사했습니다. 예레미야 등 구약의 선지자들로부터 도출해 낸 이 사상은 자신의 사명에 대한 인식을 요약하고 있습니다. 그는 실로 당대의 뛰어난 설교가였으며 애국자였고 개혁자였습니다. 앤드류 멜빌은 낙스를 가리켜 "우리 민족의 가장 고귀한 예언자이자 사도"(that most notable prophet and apostle of our nation)라고 불렀습니다. 일설에 의하면, 낙스의 장례식에서 섭정이었던 몰톤(Morton)은 다음과 같이 말했다고 합니다.

"여기 이 자리에는 그의 전 생애를 통해 인간의 얼굴을 두려워하지 않았던 한 사람이 누워 있다(Here lieth a man who in his life never feared the face on man). 너무나도 많은 날들 동안 단도와 검의 위협에 시달렸으나 그는 평화와 영예 가운데 세상을 떠났다. 죽음의 위협 속에서도 하나님의 섭리가 그를 특별히 보호하였기 때문이다."

존 낙스가 세상을 떠나자 상황은 달라졌습니다. 제임스 6세의 섭정이었던 몰톤은 '장로제'를 폐지하고 감독제를 스코틀랜드에 소개합니다. 교회개혁이 다시 위기를 맞게 되었을 때 앤드류 멜빌(Andrew Melville, 1545-1622)이 제네바에서 귀국합니다. 이제 스코틀랜드에서 장로(교회)제도를 지켜가며 개혁교회를 확고히 다져가는 일은 멜빌에게 주어진 몫이었습니다.

제9장
잉글랜드(영국)에서의 개혁

　　　　　　지금까지 루터, 츠빙글리, 칼빈을 중심으로 전개된 유럽에서의 개혁과 스코틀랜드에서의 개혁에 대해 살펴보았습니다. 루터의 개혁운동은 후일 루터교(Lutheran)를 형성하였고, 취리히를 중심으로 전개된 츠빙글리의 개혁운동은 제네바를 중심으로 전개된 칼빈의 개혁운동과 연합하여 개혁파(Reformed) 교회를 형성하였습니다. 이제 잉글랜드(영국)에서 전개된 개혁에 대해 살펴보고자 합니다. 16세기 당시 잉글랜드와 스코틀랜드는 별개의 국가였고, 상호 대립과 갈등을 겪었고 많은 차이점을 지니고 있습니다. 이 글에서는 영어의 England를 그대로 음역하여 '잉글랜드'로 사용하지만 우리에게 익숙한 '영국'이란 말과 같이 사용하도록 하겠습니다. 그런데 잉글랜드, 곧 영국에서의 개혁은 독일과 스위스, 혹은 스코틀랜드에서의 개혁과는 판이한 성격을 지닙니다.

루터나 츠빙글리, 칼빈이나 낙스는 순수한 신학적 동기에서 출발하여 복음에 대한 열정과 확신으로 반교황적, 반교권적 복음주의 신학운동을 전개하다 탄압을 받았고 고난을 당합니다. 그러나 영국에서의 종교개혁은 그 기원과 동기에 있어서 종교적(宗教的)이거나 신학적(神學的)이지 못합니다. 도리어 정치적(政治的)이고 행정적이었습니다. 좀 더 직접적으로 말하면 영국 왕 헨리 8세(Henry Ⅷ, 1491-1547)의 이혼문제로 시작되었고, 영국의 교회를 로마교회와 행정적으로 단절시켰을 따름입니다. 이것이 개혁의 시작이었습니다.

다른 나라에서는 교회의 인물들, 곧 '개혁자들'에 의해 개혁이 추진되었으나, 잉글랜드에서는 국왕에 의해 주도되었고 국가의 보호 하에 이루어졌다는 점에서 큰 차이를 지니고 있습니다. 헨리 8세의 이혼문제로 야기된 영국 교회의 로마 교황청과의 결별은 영국인들의 교회로서의 '영국교회'(the Church of England), 곧 '성공회'(聖公會)라는 국가적 혹은 민족 교회로 자리 잡게 된 것입니다.

영국에서의 개혁은 순수한 종교적 동기에서 이루어진 것이 아니었기 때문에 사실 '개혁'이라고 부르기에는 미흡한 점이 없지 않습니다. 교황의 행정적 지배와 간섭 그리고 천주교회와의 행정적 단절로부터 시작되었으므로 '영국교회'(성공회)의 위계제도, 전례와 의식, 신앙과 삶은 전통적 천주교회의 특징을 그대로 유지하고 있습니다. 그래서 지금까지도 영국교회는 천주교와 개신교의 중간적 형태를 띠고 있습니다. 이런 점에서 영국교회는 중도의 길(via medina)을 추구했다고 할 수 있습니다. 즉 천주교로부터 떠났다고 하면서도 여전히 천주교적 전통을 지니고 있고, 개혁을 단행했다고 하지만 여전히 루터나 츠빙글리 그리고 칼빈의 개혁 이념과는 먼 거리에 있습니다.

헨리 8세의
로마 가톨릭으로부터의 분리

헨리 8세(Henry Ⅷ, 1491-1547)가 선친 헨리 7세를 이어 왕위를 계승했을 때는 1509년 4월 22일, 그의 나이 18세 때였습니다. 원래는 장자인 아더(Arthur)가 왕위 계승자였는데 10살 때인 1501년, 스페인의 훼르디난드 왕(King Ferdinand)과 이사벨라 여왕(Queen Isabella) 사이에서 출생한 캐서린(Catherine of Aragon)과 결혼했습니다. 그런데 불과 4개월 후 아더가 사망하자 동생 헨리가 왕위 계승자가 된 것입니다. 캐서린은 청상과부로 남아 있을 수 없었으므로 죽은 남편의 동생 헨리와 혼인하게 되었는데, 이런 경우를 정략적 혹은 외교적 혼인이라고 말합니다.

헨리 8세는 비록 어린 나이였지만 정치적 감각과 신학적 식견을 가진 매우 영특한 인물이었습니다. 르네상스 풍의 가정교사들에게 개인지도를 받았기에 언어적 자질과 학문적 소양도 지니고 있었습니다. 뿐만 아니라 그는 각종 운동에 능했고 사냥, 승마를 즐기기도 했습니다. 그러나 그의 결혼생활은 행복하지 못했습니다. 그는 모두 6차례 결혼하였습니다. 그의 첫 번째 아내 캐서린과는 18년을 살았으나 딸 메리(Mary) 외에 남아를 생산치 못했습니다. 사실은 3남 4녀를 출산했으나 사산(死産)했거나 어린 나이에 다 죽었습니다. 캐서린에게서 남아 출산을 기대하는 것조차 불가능하게 보이자 헨리는 캐서린과 이혼하는 것이 상책이라고 믿게 되었습니다. 헨리는 캐서린과 이혼하기보다는 형수였던 캐서린과의 결혼 그 자체를 무효화 하려고 하였습니다. 이때 제시된 성경이 레위기 18장 16절, 곧 "네 형제의 아내의 하체를 범하지 말라."는 말씀이었습니다. 이를 이론적으로 뒷받침 해 준 인물이 토마스 크랜머(Thomas Cranmer, 1489-1556)였습니다. 그는 캐서린과 결혼한 지 18년이 지난 1527년 캐서린과의 결혼을 무효화해 줄 것을 교황청에 요구하였습니다.

교황으로부터 기대했던 해답을 얻지 못하자 헨리 8세는 1530년 경부터 로마 가톨릭과 결별을 위한 정책을 수립하기 시작하였고, 각종 반(反) 천주교적 법안을 제정합니다. 그리고 헨리 8세는 1533년 궁중 여성 곧 캐서린의 시녀였던 앤 볼렌(Anne Boleyn, 1507-1536)과 은밀히 결혼합니다. 사실상 두 번째 결혼입니다. 그리고 왕은 로마 교황청과의 관계를 단절하고, 1536년 '수장령'(首長令)을 발표합니다. 자신은 영국의 왕일 뿐만 아니라 영국교회의 유일한 수장임을 선언한 것입니다. 영국의회는 국왕이 영국교회의 수장(Supreme head of the Church of England)임을 공식적으로 승인해 주었습니다. 이렇게 해서 영국교회는 로마 가톨릭으로부터 분리되었고, 이것이 영국에서의 개혁의 시작이었습니다.

참고로 덧붙이자면 대법관을 역임했고, 헨리 8세와는 근친한 인물이었던 유토피아 사상가 토마스 모어(Thomas More, 1478-1535)는 왕의 이혼에 반대하고 수장령을 받아들이지 않아 반역죄로 체포되었고, 결국 1535년 7월 6일 처형되었습니다.

헨리 8세의 교회 분립은 진정한 의미에서 교회개혁으로 볼 수 없습니다. 헨리 8세 치하에서는 영국교회가 천주교회로부터 행정적으로 분립했을 따름이지 교회는 개혁되지 못했습니다. 헨리 8세는 '수장령'을 발표하고 로마와 결별한지 약 2년이 지난 1536년 7월 '10개조'(Ten Articles)의 신앙고백서를 발표했습니다. 이것은 루터주의 쪽으로 약간 기운 듯했습니다. 일례로 성례에 대한 조항을 보면 오직 세례, 성찬, 고해성사만을 언급하면서도 천주교가 인정하는 다른 4성례의 합법성을 부인하지는 않았습니다. 그리고 교회 내부에 있던 미신적 관습의 남용에 대한 경고는 있지만 성상이나 성골 숭배는 폐지되지 않았습니다. 1539년에는 앞의 '10개 조'를 수정하여 '6개 조항법'(Act of Six articles)을 가결하였습니다. 이 문서는 화체설을 지지하고, 성찬에서는 떡만을 제공해야 한다고 주장하였고, 성직자의 독신생활, 개인 미사, 고해성사 등을 강조하였습니다. 즉 이전의 천주교 교리를 거의 수용하고 있음을 보게 됩니다. 결론적으로 말해서 헨리 8세 치하에서는 영국교회가 로마로부터 분립했을 따름이지 개혁이 이루어졌다고 할 수 없습니다. 헨리 8세는 1509년 이래로 38년간의 통치를 끝내고 1547년 사망합니다. 곧 헨리 8세가 세 번째 부인에게서 얻은 아들 에드워드 6세가 왕위를 계승하게 됩니다.

에드워드 6세 치하에서의 개혁

헨리 8세는 일생 동안 6번 결혼하는데, 첫 번째 부인 캐서린과의 관계에서 메리가 출생했고, 두 번째 부인 앤 볼렌에게서 엘리자베스(Elizabeth)가, 세 번째 부인 제인 시머(Jane Seymour)에게서 처음으로 남아가 출생합니다. 그가 에드워드 6세(Edward VI, 재임기간 1547-1553)입니다. 그가 남자였기 때문에 아버지 헨리 8세를 이어 1547년 왕이 된 것입니다. 당시 영국에서도 남아 선호사상이 있었고, 출생 순서도 중시했습니다.

에드워드는 1537년 10월 12일 생이었으므로 그의 나이 꼭 아홉 살 때 왕위에 올라 1553년까지 6년간 재임하였습니다. 그는 매우 진지하고 조숙하였고 사려 깊은 분별력과 판단력의 소유자였습니다. 물론 종교문제는 토마스 크랜머가 주도했지만, 그의 통치 기간 중에 많은 개혁이 이루어졌으므로 개혁자들은 그를 '어린 요시아' 혹은 '새로운 요시아'(New Joseah)라고 불렀습니다. 그는 사실상 영국 역사상 최초의 개신교 군주였다고 할 수 있습니다.

어릴 때부터 병약했던 그는 16세 때 사망하므로 그의 통치는 길지 못했습니다. 이 시기의 개혁은 1539년에 작성된 '6개 조항법'을 폐지하는 일로부터 시작되었습니다. 천주교 입장을 강하게 반영하고 있던 이 법이 1547년 폐지되므로 신자들에게 떡만이 아니라 잔도 허락되었습니다. 또한 기부금을 낸 사람들을 위한 사적(私的) 미사가 폐지되었고, 성직자의 결혼도 허락되었습니다. 당시 이런 교회개혁을 반대하던 성직자들은 해임되었고, 그 자리에 복음주의 신앙을 가진 인사들이 임명되었습니다. 즉 개혁자 리들리(Nicholas Rridley)가 런던에, 마일즈 커버데일이 엑세터에 주교로 임명되었고, 불링거(H. Bullinger)의 친구였던 존 후퍼(John Hopper)는 1551년 그로체스터에 주교로 부임하였습니다. 이런 조치가 바로 교회개혁이었습니다.

이 시기의 또 하나의 커다란 개혁은 예배의 개혁이었습니다. 1548년 3월 8일 '성찬조례'(Order of Communion)가 발표되어 라틴어로 진행되던 미사에 영어적 요소가 삽입되었고, 교회당 내부에 있던 성상이 철거되었습니다. 또 1549년에는 오늘의 예배모범이라고 볼 수 있는 '공동기도서'(The Book of Common Prayer)가 작성됩니다. 이 기도서는 어느 정도의 개혁은 반영하되 천주교 측의 불필요한 비난을 피하려는 선에서 조심스럽게 작성된 것이었습니다. 특히 성만찬에 관해서는 츠리히나 제네바의 개혁자들의 입장을 수용하면서도, 화체설이라는 표현은 피하되 천주교 입장을 어느 정도 유지한 모호한 점이 있었습니다. 그러나 큰 변화는 이 기도서가 영어로 작성되어 영국인들이 처음으로 자기들의 말로 된 예배 의식을 갖게 되었다는 점입니다. 이 기도서는 모든 교회에서 사용하도록 '통일령'(Act of Uniformity)에 의해서 의무화 되었고, 기도서에 대한 비판은 금지되었습니다.

노섬벌런드 공이라고 불린 존 다들리가 섭정하는 기간에도 토마스 크랜머가 개혁을 주도하는데, 이때의 개혁을 3가지로 정리하면 다음과 같습니다.

첫째는 성직자의 역할을 규정한 새로운 '성직 수임례'(Ordinal)가 제정되었습니다. 성직자는 희생 제사를 집례하는 사제(司祭, Priest)가 아니라 하나님의 말씀의 종이며, 성례를 집행하는 자(minister)로 규정되었습니다. 이것은 가톨릭의 사제주의로부터의 개혁이자 예배의 개혁이었습니다.

둘째, '공동기도서'(Book of Common Prayer)가 개정되었습니다. 공동기도서는 예배의식서로서 1549년의 제1 기도서에는 가톨릭적 요소가 여전히 남아 있었습니다. 그러나 1552년에 발간된 '제2 기도서'에는 '미사'라는 단어가 삭제되고, 성찬 용어들은 감사와 기념을 강조하며 제단(祭壇)은 성찬대로 대치되었습니다. 또 죽은 자를 위한 기도와 중세적인 예복도 폐지되어 매우 개신교적 성격을 띠게 되었습니다. 명백하게 대륙의 개신교적 특징이 드러난 이 기도서에는 마르틴 부써의 제안이 크게 반영되었습니다.

셋째, 신앙고백서가 작성되었습니다. 1553년 6월에 '42개조'(Forty-two Articles)라는 새 신앙고백서가 작성되었는데, 개신교적인 성격을 분명히 보여주고 있습니다. 크랜머를 비롯한 리들리, 낙스와 같은 신학자들의 도움으로 작성되었기 때문입니다. 이 고백서에서는 성상, 성골숭배, 성자숭배, 면죄부, 연옥 등은 "하나님의 말씀에 위배되는 것"으로 규정되었습니다. 또 화체설, 성찬식에서의 남은 것들에 대한 숭배, 영국교회에 대한 교황의 재판권 등이 거부되었습니다. 특히 이 '42개 조'에서는 예정론이 강조되고, 성찬에서의 칼빈의 견해가 반영되어 칼빈주의적 성격을 띠게 된 것입니다.

이처럼 에드워드 6세 치하에서 많은 개혁이 단행되었으나 병약했던 에드워드 6세는 1553년 7월 6일 16세의 나이로 세상을 떠났습니다. 그가 10년만 더 살았다면 영국 역사가 달라졌을 것입니다.

메리 치하에서의
로마 가톨릭으로의 복귀

에드워드 6세가 사망한 후 메리(Mary of Tudor)가 1553년 8월 왕위를 계승합니다. 메리는 헨리 8세의 첫 번째 부인 캐서린의 딸로서 로마 가톨릭교도였고, 가톨릭으로의 복귀운동을 전개합니다. 그가 왕위 계승권자가 되기 위해서는 어머니 캐서린과 헨리

8세의 이혼 이전으로 돌아가야 하는데, 이는 논리적으로 천주교로 돌아가는 것을 의미합니다. 메리 여왕 자신도 가톨릭교도였습니다. 메리는 5년간(1553-1558)의 통치 기간을 통해 개혁을 지지하던 276명을 처형하여 '피의 메리'라는 별명을 얻었습니다. 어떤 이는 투옥되거나 유배되었고, 8백 명이 넘는 사람들이 영국을 떠나 취리히, 바젤, 스트라스부르크 등지로 망명하여 그곳에 정착하였습니다. 메리 치하에서의 영국은 영국 역사상 유례가 없는 암울한 시기였고, 어떤 시대와도 비교할 수 없는 순교로 점철된 시기였습니다.

메리 치하에서 영국은 교황에 대한 충성을 다시 서약하였고, 교황 사절을 받아들였으며 이복동생 에드워드 6세 때 제정된 개혁입법을 폐기했습니다. 수도원 해산 법령을 제외한 모든 교회개혁 입법을 철폐하였고, 1555년 1월에는 개신교도를 탄압하기 위한 반(反)이단 법률을 제정하였습니다. 성자(聖者)들을 위한 축일이 부활되었고, 결혼한 성직자들은 아내를 버리도록 요구되었습니다. 이런 조치들이 천주교로의 복귀 운동이었습니다. 그리하여 교회는 수장령을 발표하기 이전으로 복귀합니다. 역사학자들은 이런 메리의 천주교로의 복귀 운동을 '메리의 종교개혁'(Marian Reformation)이라고 불렀습니다.

이런 상황에서 메리는 결혼하여 왕위 계승자를 얻어 영국이 대대로 가톨릭을 신봉하는 나라로 정착시키고자 했습니다. 그래서 가톨릭교도 남편을 찾았고, 1554년 7월 신성 로마 황제 카를 5세의 아들 필립과 결혼합니다. 필립은 후에 필립 2세(Philip II)라고 불리게 되는데 스페인과 포르투갈의 왕(1527-1598)이었습니다. 이때 메리는 38세의 노처녀였습니다. 영국 의회는 영국에 대한 외국 국왕의 영향을 염려하여 결혼을 만류했으나 노처녀의 욕망을 제어할 수 없었습니다. 결혼은 했으나 필립은 메리에게 거의 흥미를 못 느껴 혼인식 후 고국인 스페인으로 돌아갔습니다. 그리고 스페인이 프랑스와 맞서 전쟁을 준비할 때 영국을 끌어들이기 위한 정치적인 목적으로 단 한번 메리에게 찾아왔을 뿐입니다.

예견된 일이지만 개혁자들에 대한 메리의 탄압이 시작되었습니다. 성경번역자인 존 로저스(John Rogers)가 최초로 스미드필드(Smithfield)에서 화형을 당했고, 곧 이어 복음주의 신앙을 가졌던 네 명의 주교들, 곧 후퍼(Hooper), 페라(Ferra), 라티머(Latimer) 그리고 리들리(Ridley)가 화형대에서 죽음을 맞았습니다. 메리에게 극심한 미움을 받았던 토마스 크랜머는 목숨을 구하기 위해 천주교와 개신교를 오가며 '인간적인, 너무나 인간적인' 모습을 보였으나 그도 화형대에 올라 처형되었습니다. 박해는 고위 성직자들만이 아니었습니다. 많은 평신도들도 순교했고, 그 중에는 글을 읽지 못했던 카디프의 어부와 장님을 포함한 다수의 여성들과 몇 명의 십대 소년도 포함되어 있었습니다. 그래서 1555년 2월부터 1558년 11월까지 276명이 화형을 당합니다.

그 당시 희생자에 대한 행적은 유명한 개신교 작가인 존 폭스(John Fox, 1561-1587)의 『순교자 열전』(Book of Martyrs)에 수록되어 있습니다. 이 책은 오랫동안 성경과 함께 복음적인 신앙인들의 가장 소중한 책으로 영국 가정에 비치되었고, 용기 있는 저항의 정신적 힘을 제공하였습니다.

개신교를 모질게 탄압했던 메리는 1558년 11월 17일 아무도 돌보지 않던 병상에서 죽음을 맞습니다. 이로써 잔인한 박해도 역사의 기록으로 남게 됩니다. 메리의 죽음이 전해지자 사람들은 모닥불을 지펴서 죽음을 경축하였다고 합니다. 메리의 장례식 설교에서 윈체스터의 감독 존 화이트(John White)는 메리에 대해 이렇게 말했습니다.

> 그녀는 왕의 딸이었고, 왕의 자매였으며, 왕의 아내였다.
> She was a King's daughter, she was King's sister, she was a king's wife.
> 그녀는 여왕이었고, 여왕이라는 이름과 동시에 왕이었다.
> She was a Queen, and by the same title a King also….

개신교에 대한 메리의 공포정치는 그녀가 웨스트민스터 사원에 묻히면서 막을 내렸습니다. 여기서 한 가지 재미있는 일화를 소개하겠습니다. 메리의 그 극심한 탄압에 직접적으로 저항할 수 없었던 신교도들은 집에서 키우는 개를 '메리'라고 부르기 시작했습니다. 이 경멸적인 개 이름(犬名)이 신앙의 자유를 따라 영국을 떠났던 순례자들을 통해 미국으로 전래되었고, 후일 선교사를 거쳐 우리에게 소개되었던 것입니다. 우리가 강아지를 '메리'라고 불렀던 것은 이런 아픔의 역사를 지니고 있습니다.

엘리자베스의 중도정책과 영국교회

1558년 11월 17일, 메리가 사망하자 그녀의 이복동생 엘리자베스가 25세의 처녀로 왕위를 계승합니다. 그녀는 헨리 8세의 두 번째 부인 앤 볼렌의 딸로서 프로테스탄트였습니다. 엘리자베스 1세(Elizabeth I, 1533-1603)로 불린 그녀는 이때부터 1603년 3월 24일까지 무려 44년간 영국을 통치합니다.

엘리자베스는 우선 영국에 평화와 안정이 필요하다고 보고 교회와 국가를 위해 '중도의 길'(Via medina)을 추구합니다. 이복동생 에드워드가 지나치게 프로테스탄트였고, 이복 언니 메리가 지나치게 천주교적이었으므로 극단적인 대립을 초래했다고 파악한 그녀는 중용의 길을 추구함으로써 천주교나 개신교 양측으로부터 어느 정도의 지지를 획득할 수 있다고 본 것입니다.

엘리자베스는 국민 감정을 고려하여 자신을 '수장'(Supreme head)으로 부르지 않고 '최고 통치자'(Supreme governer)라고 호칭하였고, 1559년 4월 의회는 이를 승인합니다. 즉 1559년 성령강림축일을 기해 영국은 공식적으로 다시 신교국가가 된 것입니다. 엘리자베스는 메리 치하에서 제정된 친 천주교적인 법령들을 폐기하기 시작합니다. 이것은 영국교회를 교황 휘하에 두도록 했던 메리의 종교정책의 거부였습니다. 1559년 4월 27일, 의회는 새로운 '통일령'(Act of Uniformity)을 통과시켰습니다. 이 통일령은 1552년의 기도서, 곧 메리의 통치 이전 에드워드 치하에서 작성된 프로테스탄트적인 기도서를 일부 수정하여 사용하도록 규정하였습니다. 이 기도서는 로마 가톨릭의 반발을 무마시키면서도 개신교 측의 입장을 수용하는 포용적 성격을 지닌 것이었습니다. 말하자면 중도정책에 맞추어 기도서를 수정한 것입니다. 성찬에 관한 견해는 가장 첨예한 견해차를 보인 신학적 주제였는데, 영적 임재를 주장하는 개신교측의 입장을 상하게 하지 않으면서도 실재적 임재를 지지하는 이들의 입장을 수용하였습니다.

또 이때 에드워드 6세 때 제정된 신앙고백서인 '42개 조'(Forty two Articles)를 개정하는 작업을 시작하였습니다. 이것은 새로운 시대에 보다 적합한 교리적 입장을 확립하기 위한 의도였습니다. 이러한 노력 끝에 '39개 조'(Thirty-nine Articles)가 작성되었습니다. 이것이 영국교회, 곧 성공회의 기본 강령이 되었고, 오늘날에도 여전히 영국교회의 교리적 지침이 되고 있습니다. '39개 조'에서는 지나치게 미묘한 사안들이나 극단적 입장은 배제하고 보다 원만한 노선을 추구하였습니다. 로마 가톨릭의 입장은 노골적으로 거부되고 있으나 서로 다른 프로테스탄트 입장 가운데서는 반드시 어느 한편의 입장을 고수하려고 하지는 않았다고 할 수 있습니다. 그래서 이 '39개 조'에서는 의식적으로 '중용의 길'(via medina)을 추구하여 천주교나 극단적 프로테스탄트만 제외하면 다 포용할 수 있도록 한 것입니다. 이때부터 '중용의 길'은 오늘까지 영국교회, 곧 성공회의 뚜렷한 특징이 되고 있습니다. 결과적으로 영국에서는 헨리 8세가 자신의 이혼 문제로 교황청과 행정적 관계를 단절하고 독자적인 길을 추구하여 오늘의 영국 국교회, 곧 성공회를 형성하게 된 것입니다.

제10장

재세(침)례파 운동

　　지금까지 루터, 츠빙글리, 칼빈 등에 의한 개혁과 스코틀랜드, 잉글랜드에서 일어난 교회개혁 운동에 대해 살펴보았습니다. 이제는 16세기 종교개혁사에서 과격한 개혁 그룹이었던 재세례파에 대해 살펴보고자 합니다. 종교개혁이라는 거대한 역사적 변혁을 통해 오랜 세월동안 신성불가침한 존재로 군림해 왔던 수많은 체제들이 붕괴되는 과정에서 루터나 츠빙글리, 칼빈 등 비교적 온건한 개혁자들과는 구별되는 보다 급진적인 개혁운동이 있었습니다. 그 대표적인 경우가 재세례파였습니다. 이들은 유아세례를 부인하고 재세례를 주장하되, 침례를 주장했기 때문에 '재침례파'라고 번역하는 것이 적절하다고 생각합니다만, 보통 '재세례파'라고 불러 왔으므로 이 글에서는 양자를 같이 쓰려고 합니다.

재세례파는 다른 종교개혁자들과 동일하게 '믿음으로만'의 구원을 강조합니다. 그런데 유아들은 하나님을 알지 못하고 아직 믿음도 없는 상태에서 (유아)세례를 받았으므로 그것을 인정할 수 없다는 입장입니다. '오직 믿음으로만'의 자발적 수락을 통해서 진정한 교회의 일원이 될 수 있다고 본 겁니다. 그들은 초기 기독교가 로버트 웨버(Robert Webber)의 지적처럼 국가권력으로부터 완전히 구분된 '분리모델'이었으나, 기독교가 로마제국으로부터 공인(313)을 받고 국교가 됨으로(380) 유아세례가 강제화 되어, 교회와 국가가 결합되는 '동일시 모델'이 되었다고 인식했습니다. 따라서 재세례파는 4세기 이전의 교회로의 완전한 복귀를 개혁의 이상으로 생각했던 것입니다. 이들은 처음에는 자기 자녀들에게만 유아세례를 주지 않았습니다. '오직 믿음으로만'의 원리에서 볼 때 믿음조차도 고백할 수 없는 유아들이기 때문입니다. 그러나 차츰 유아세례를 거부할 뿐만 아니라 유아세례를 받은 모든 이들에게 재세례를 요구하게 된 것입니다. 그래서 이들이 '재세례파'로 불리게 된 것입니다.

그동안 재세례파에 대해서는 무시되거나 경시되어 왔고, 1930년대까지만 하더라도 교회사 관련 서적에서 재세례파를 독립된 장으로 취급한 경우가 거의 없을 정도였습니다. 그러나 1960년대 이래 이들에 대한 새로운 연구가 일어나고 재평가되고 있습니다. 그러나 교리적으로 개혁교회 전통과는 다르기 때문에 개혁교회, 혹은 장로교 전통에서는 이들을 이단시 해 왔습니다.

종교개혁 운동의 유형

미국의 교회사가 조지 윌리암스(George H. Williams)는 16세기 종교개혁 운동을 크게 두 유형으로 구분했습니다. 첫째는 루터파, 츠빙글리파, 칼빈파 그리고 성공회 등에 의해 이루어진 온건한 개혁운동입니다. 이 개혁운동을 '행정적 개혁' 혹은 '관료적 개혁'(Magisterial Reformation)이라고 불렀습니다. 종교개혁 운동의 주류로 이해되어 온 이들을 윌리암스 교수는 '고전적 개혁'(Classical Reformation)이라고도 말합니다. 이들은 콘스탄틴 황제 이후 형성되어 온 소위 국가교회, 곧 제도화된 교회(established church) 안에서 관헌(국가 혹은 정부)의 지원이나 보호를 배제하지 않았다는 점에서 '메지스티어리얼(magisterial)이라는 형용사로 개혁운동의 성격을 규정하였습니다.

둘째는 온건한 개혁과는 달리 다소 과격하거나 급진적이었던 여러 형태의 재세례파(Anabaptists), 신령파(Spiritualists)들을 통칭하여 '급진적 개혁'(Radical Reformation)이라고 불렀습니다. 이들은 유럽의 오랜 국가교회 전통을 거부하고 콘스탄틴 이전의 교회로의 복귀를 근간으로 하여, 보다 철저하고도 급진적인 개혁을 주장했다는 점에서 '과격한'(radical) 개혁운동으로 분류한 것입니다. 윌리암스 교수의 이러한 분류방식은 그 이후의 교회개혁사 연구에 큰 영향을 끼쳤습니다.

교회개혁의 역사에 있어서 이 양자를 구별하는 윌리암스 교수의 표준은 일차적으로 개혁자들의 교회론 혹은 교회와 국가와의 관계에 대한 견해입니다. 다시 말하면 로마 가톨릭에 반대하여 개혁을 전개해 가는 과정에서 국가나 정부 등 세속 권력집단과 어떤 관계를 유지해 왔느냐에 따라 분류한 것입니다.

재세례파란 무엇인가?

재세례파 운동은 한 지역에서 어느 한 사람을 중심으로 일어난 단일한 운동이 아니라 스위스, 독일, 모라비아, 화란 등지에서 산발적으로 일어난 복수 운동으로서, 몇 가지 유형과 분파로 나눌 수 있습니다. 여기서는 영국의 오웬 차드윅(Owen Chadwick)

의 분류를 따라 다음의 4가지로 분류하여 살펴보겠습니다.

첫째는 츠빙글리의 개혁운동 당시 동료였으나 츠빙글리와 결별한 콘라드 그레벨(Conrad Grebell, 1448-1526), 펠릭스 만쯔(Felix Manz)를 중심으로 시작된 '스위스 형제단(Swiss Brethren),' 둘째는 발타샤 휘브마이어(Balthasar Hbmaiar)와 한스 뎅크(Hamns Denk) 그리고 필그림 마르펙(Pilgrin Marpeck)을 중심으로 남부 독일에서 일어난 재세례파운동, 셋째는 모라비아에서 시작된 후터 공동체, 넷째는 화란과 북부독일에서 일어난 메노나이트파(Mennonite) 등이 그것입니다.

물론 이들 간에는 일치점과 상이점이 있고, 거의 유사한 시기에 여러 지역에서 일어났지만 스위스 취리히에서 일어난 '스위스 형제단'이 재세례파의 연원이라고 할 수 있습니다. 이들이 재세례파로 불리게 된 것은 유아세례를 인정하지 않고, 성인이 된 후 자기 신앙을 고백하고 받는 '신자의 세례'(believers' baptism)를 주장하였기 때문입니다. 이들이 유아세례를 반대하는 것은 국가교회로부터의 분리의 논리적 결론이었습니다. 다시 말하면 유아세례를 받음으로 자동적으로 속했던 국교회 제도에서 떠나 재침(세)례를 받은 이들로 구성되는 별도의 교회를 참된 교회로 본 것입니다.

재세례파의 개혁 이념이나 교회관, 국가관, 세례관 등은 개혁교회와는 매우 달랐습니다. 따라서 이들 재세례파는 당시 국가권력

뿐만이 아니라 루터, 칼빈, 츠빙글리 등 온건한 개혁자들과 로마 가톨릭으로부터도 끊임없는 탄압과 박해를 받았고, 국가권력으로부터는 무정부적인 반란집단으로 취급받아 왔습니다. 특히 칼빈은 재세례파를 천주교와 동일하게 이단 집단으로 간주하고 이들의 교리를 비판하였습니다.

재세례파 중에는 독일 뮌스터에서 일어난 반란사건에서 보여주듯이 폭력적인 집단도 있었지만, 스위스 형제단이나 메노나이트처럼 제자도를 추구하는 아주 온건하고 평화주의적인 집단도 있었습니다.

재세례파의 기원

여기서는 스위스에서 일어난 재세례파 그룹인 '스위스 형제단'의 기원에 대해서만 간략하게 소개하자고 합니다. 앞에서 살펴본 바대로 스위스 취리히에서는 츠빙글리의 휘하에서 공개토론회가 개최되면서 교회개혁이 구체화되고 있었습니다. 이때 츠빙글리와 함께 이 개혁운동에 참여하는 일단의 무리들이 있었는데,

대표적인 인물이 콘라드 그레벨, 펠릭스 만쯔, 안드류 카스텔베르거(Andrew Castelberger) 같은 이들이었습니다. 이들은 서로를 형제라고 불렀고 곧 '형제단'으로 불렸습니다. 이들은 츠빙글리의 개혁이 너무 보수적이고 지나치게 점진적이라고 생각했습니다. 따라서 츠빙글리의 개혁운동에 만족하지 못했습니다. 1523년 10월에 있었던 2차 토론 때부터 이들과 츠빙글리 사이에는 견해차가 나타나기 시작합니다. 그것은 교회의 본질 및 유아세례 문제에 대한 이견이었습니다. 미사 및 성상들에 있어서도 점진적인 개혁을 주장하는 츠빙글리나 시의회와는 달리 스위스 형제단은 철저하고도 즉각적인 개혁을 주장하였습니다. 여기서부터 스위스 형제단과 츠빙글리 사이의 분열이 나타났고, 결국 결별하게 됩니다. 이것이 소위 '스위스 형제단'(Swiss Brethren)의 시작이었으며, 재세례파 운동의 연원이 된 것입니다. 오직 '신자의 세례'를 주장하던 스위스 형제단이 재세례파 운동의 시작이 된 것입니다.

츠빙글리는 구약의 할례를 통한 부모의 언약을 기초로 유아 세례를 찬동하고 이를 시행했습니다. 그러나 스위스 형제단은 유아세례에 대한 성경적 근거가 없으며, 출생 8일 만에 행하는 수동적인 할례는 유아세례와 동일시 할 수 없다고 본 것입니다. 1525년 1월, 그레벨과 만쯔 그리고 스템프(Simon Stumpf) 등은 자기들의 주장에 동조하는 이들로만 은밀한 회합을 가졌습니다. 이것이 스위스에서 일어난 재세례파 운동의 공식적 시작이라고 할 수 있습니다.

이때를 전후하여 스위스 형제단과 츠빙글리는 세례와 유아세례에 관한 격렬한 논쟁을 하게 됩니다. 취리히 시의회는 스위스 형제단의 재세례 요구는 법질서를 교란시키는 행위로 보아 법적 조치를 강구하게 됩니다. 즉 1525년 1월 취리히 시의회는 세례문제에 대한 공개 토론회를 개최했고, 시의회는 1월 18일 츠빙글리를 지지하고 유아세례의 시행을 명하는 동시에 재세례를 엄격하게 금지하였습니다. 이로부터 사흘 뒤인 1월 21일에는 로이블린, 해쩌(Haetzer), 볼티(John Botli), 카스텔베르거 등을 추방하고 그레벨과 만쯔에게는 어떤 학교나 모임에 참석하는 것과 가르치는 것을 금지시켰습니다. 바로 그 날, 즉 1525년 1월 21일 저녁, 10여 명의 스위스 형제단들은 펠릭스 만쯔 집에 모였습니다. 취리히 시의회의 결정을 하나님의 말씀에 반하는 속권(俗權)의 발동으로 확신하고, 이날 콘라드 그레벨은 게오르게(George of the House of Jacob)에게 처음으로 재세례를 베풀었습니다. 이어서 블라우록은 그곳에 있던 다른 사람들에게도 재세례를 베풀었습니다. 이렇게 하여 스위스 형제단들로부터 재세례파가 출현한 것입니다.

재세례파의 교의와 사상

재세례파는, 중세교회는 초대교회와 단절되었고 후대교회의 쇄신에 영향을 주지 못한 시기로써 아무런 가치가 없다고 보며 그 의미를 완전히 부정하는 역사의 비연속성을 주장합니다. 이들은 콘스탄틴의 기독교 공인과 국교화 이후 기독교가 변질되었다고 보았으므로, 이들의 개혁 목표는 초대교회, 특히 313년 이전의 기독교로 돌아가는 것입니다. 그래서 이들의 과제는 '개혁'이 아니라 초대교회에로의 '복귀'(Restitution)였던 것입니다.

재세례파의 근본이념은 16세기 당시의 국가교회(State church)는 신약교회 원리에서 떠난 타락한 제도로 보고, 성경의 가르침을 따라 원시교회로 돌아가야 한다는 복귀개념 속에 함축되어 있습니다. 그래서 베인톤은 "리포메이션이란 말이 루터의 개혁운동을 지칭하는 말이라면, 개혁파(Reformed)란 말은 츠빙글리나 칼빈의 개혁운동을 지칭하고, 회복(Restored)이란 말은 재세례파운동에 대한 포괄적인 표현"이라고 말한 바 있습니다. 그들은 원시교회는 오직 진실된 신자들로 구성되었고 교회와 국가가 결합되기는커녕 도리어 박해받고 경멸당하고 거부당하는 순교자의 교회로 파악합니다. 그래서 교회는 국가로부터 완전히 분리되어야 한다고 보았는데, 이것은 국가교회 혹은 제도교회(Established church)로부터 독립을 이루려는 일종의 자유교회 운동이었다고 할 수 있습니다. 재세례파가 유아세례를 반대하고 재세례를 주장한 것도 국교회로부터 분리의 논리적 결론이었습니다.

이들은 교회의 타락이 세 가지 원인에서 기인했다고 보았는데, 첫째는 교회가 국가와 타협한 일, 곧 교회의 독립성을 누리지 못한 국가교회제도에 기인한다고 보았습니다. 타락한 교회의 두 번째 표징은 기독교의 이름으로 수행된 전쟁이라고 보면서 폭력은 어떤 경우를 막론하고 신약성경의 가르침과 위배된다고 이해했습니다. 그래서 이들은 무저항주의와 절대평화주의를 견지했습니다. 재세례파가 보았던 교회 타락의 세 번째 표징은 삶과 예배에 있어서 형식주의(dead formalism)였습니다. 내적 진실성보다는 의식이나 외적으로 제도화된 교권체제는 교회가 타락한 증거라고 보았습니다. 교회는 믿는 자들의 자의에 의한 모임이어야 하며, 국가나 권력의 통제나 간섭으로부터 철저하게 독립해야 한다고 보았던 것입니다.

재세례파는 국가를 "이 세상 나라"(the kingdom of this world)에 속한 것으로 보았으므로 이 세상과의 관계에서 분리주의적 입장을 취합니다. 이들이 교회와 국가를 분리하려는 것은 소위 그리스도의 나라와 이 세상 나라를 구분하는 두 왕국 개념에 기초한 것으로서, 교회와 국가(세상)를 절대적 대립의 관계로 파악한 것입니다. 재세례파는 일반적으로 세속정부가 하나님께 복종하는데 반대하지 않는 한 그리스도인들은 세속정부에 복종해야 한다고 주장합니다. 그리고 세속정부가 이들을 탄압하거나 박해하고 양심과 신앙의 자유를 유린할 때, 이들은 보다 높은 소명(higher calling)에 순종하기 위해 세속정부에 불순종할 수밖에 없다고 말합니다. 또 재세례파는 개인의 신앙과 양심이 국가에 의해 속박될 수 없고 하나님 아래서 자유로워야 한다고 주장하면서 하나님 말씀에 대한 종속적 권위로서의 국가의 권위를 인정합니다. 관헌에 대한 재세례파의 견해는, 정교 분리원칙에 입각하여 종교의 자유를 확보하고, 종교적 양심의 문제에 대한 강제력 사용을 반대합니다. 재세례파의 이상과 같은 주장은 수긍할만한 점도 있지만, 성경관, 세례관, 삼위일체론 등에 있어서 의견을 달리하는 측면이 있어서 정통교회로부터 이단으로 간주되어 탄압을 받아왔던 것입니다. 특히 이들은 평화주의에 대한 이상 때문에 국민의 중요한 의무로 간주되는 군복무를 반대했습니다. 또한 국가기구나 행정직 근무를 거부할 뿐 아니라 서약하는 일을 거부했기 때문에 국가권력의 탄압을 받았고, 로마 가톨릭과 개신교 양측으로부터도 탄압을 받게 된 것입니다.

재세례파의 첫 처벌은 취리히에서 있었습니다. 전신(全身)침례를 주장한다는 점에서 이들을 리마트 강(Limmat)에 빠뜨려 익사시키는 형벌이었습니다. 리마트 강은 취리히 도심 한가운데로 흘러가는 강인데 지금도 관광객들이 즐겨 찾는 곳이기도 합니다. 그 후 스위스, 남부 독일, 오스트리아 등지에서 수백 명이 처형을 당해, 순교자 수에 있어서 그 어떤 종파보다 많은 희생자를 냈습니다.

제11장
프랑스에서의 개혁과 개혁교회

지금까지 독일과 스위스, 잉글랜드와 스코틀랜드에서 일어난 교회개혁에 대하여 살펴보았습니다. 이제는 프랑스에서 일어난 교회개혁에 대하여 공부하고자 합니다.* 16세기 당시 프랑스는 유럽에서 가장 강력한 국가였습니다. 루이 11세(1461-1483), 루이 12세(1498-1515)를 거쳐 프란소와 1세(Francois, 1515-1547)에 이르러 프랑스는 절대 왕권을 확립하였고, 강력한 중앙집권 정부를 형성했습니다. 특히 프란소와 1세는 이탈리아와의 전쟁에서 승리하고 당시 교황 레오 10세와 볼로냐 조약(concordat of Bologna, 1516)을 체결했습니다. 교황과의 화약(和約)은 왕의 교회 지배권을 강화시켜 주었습니다. 이 조약에 따라 프랑스에서의 교황의 지배권은 상대적으

---

*   중요한 정보는 이상규, 『교회개혁사』, (서울: 성광문화사, 1997)에 의존하였음.

로 축소되고 왕은 감독 지명권을 차지하였으므로 교회법에 따른 감독 선출은 폐지되었습니다. 즉 프란소와 1세는 당시 프랑스에 있던 10명의 대주교와 83명의 감독들 그리고 527명의 주임 신부들을 임명했고, 620개의 성직(聖職)에 영향력을 행사하게 된 것입니다. 이런 상황에 대하여 "영적 권력이 세속적 이익을 얻었고, 세속적 권력은 영적 지배를 찬탈하였다."(the spiritual power secured a temporal advantage and the temporal power usurped the spiritual sway)고 평하기도 합니다. 이렇게 되자 교직자들은 하나님의 뜻을 살피기보다는 왕이 기뻐하는 것이 무엇인가에 더 큰 관심을 두었습니다.

당시 프랑스의 교회는 다른 나라의 경우와 동일하게 개혁되지 않으면 안 될 상황이었습니다. 교리적 탈선은 말할 것도 없고 고위 성직자들의 사치와 하급 성직자들의 무지로 교회는 전반적으로 영적 무기력 상태에 빠져 있었습니다. 개혁의 필요성은 절박했으나 교회에 대한 왕의 지배는 그것을 금지하고 있었습니다. 교회를 절대 왕권의 수단으로 여기는 프란소와는 자기의 통치에 위협이 될 어떠한 변화도 원하지 않았기 때문입니다.

교회개혁의 선구자들

이런 상황에서 프로테스탄트 신앙이 소개되고 개혁의 바람이 일기 시작합니다. 프랑스에서 교회개혁의 과정은 보통 칼빈 이전 시대, 칼빈 시대, 종교 갈등 시대, 평화의 시대의 네 시기로 구분됩니다. 칼빈 이전 시대란 1516년의 볼로냐 조약의 체결로부터 칼빈의 제네바 개혁이 시작된 1536년까지를 말합니다. 이 시기는 르네상스의 영향과 함께 교회개혁의 열망이 굳게 닫힌 프랑스의 국경을 넘어 파리로 스며듭니다.

프랑스에서도 교회개혁을 시도하는 이들이 있었습니다. 대표적인 인물이 르페브르(Jacques Lefever of d'Etaples, 1455-1537)였습니다. 그는 삐가르디(Picardy) 현의 에따쁠이라는 소읍에서 태어난 그는 후일 파리와 이탈리아에서 수학하였고, 1492년에는 파리 대학의 교수가 되었습니다. 유망한 학자이기도 했던 그는 1512년 『바울 서신 주석』(Commentary on the Epistles of Saint Paul)을 출판했는데, 이 책에서 루터의 이신칭의 교리를 지지했습니다. 르페브르야말로 프랑스 교회개혁의 선구적 인물이었습니다. 루터의 개혁이 시작된 지 2년 후, 루터의 저작들은 프랑스로 유입되었고 선풍적인 인기를 누리면서 암

암리에 확산되고 있었습니다. 루터가 보름스 제국의회에서 정죄되던 바로 그 해에 르페브르 또한 이단으로 정죄되어 친구인 모(Meaux)의 감독 브리소네(Briconnet)의 관할 지역에 피신하지 않으면 안 되었습니다. 그런 가운데서도 르페브르는 1523년 신약성경을 프랑스어로 역간했고, 사람들은 이 번역된 성경이 낭독되는 것을 듣기 위해 모여들었습니다. 이것이 최초의 비밀 집회였습니다. 1526년에는 그가 번역한 구약성경이 출판되었습니다. 이 성경번역은 프랑스에서의 교회개혁에 커다란 영향을 미칩니다. 그의 활동의 결과로 기욤 파렐과 요한 칼빈이 배출되었다는 주장은 과장이 아닙니다.

르페브르와 함께 개혁운동에 가담했던 인물이 제라드 루셀(Gerard Roussel, 1480-1550), 프란시스 바따블(Francis Vatable, ?-1547), 기욤 파렐(Guillaume Farel, 1489-1565) 등 입니다. 바따블은 파리 대학(College de France)의 유명한 히브리어 교수였고 벨르잔느(Bellesane)의 수도원 원장이었습니다. 파렐은 도피네(Dauphine)의 갑(Gap) 출신으로서 르페브르의 가장 열정적인 제자이자 뜨거운 복음주의자였습니다. 그는 1523년 프랑스를 탈출하여 바젤로 갔고, 다시 베른을 거쳐 1532년 10월 4일에는 제네바에 도착하여 그곳에서 개혁운동을 전개했습니다. 특히 모(Meaux)의 감독이었던 브리소네는 개혁운동을 지지하고 후원했던 인물로서 프랑스에서 프로테스탄트들의 서식처를 제공했다고 할 수 있습니다.

점차 개심자들이 늘어나며 개혁운동은 타 지역으로 확산됩니다. 심지어 국왕인 프란소와 1세의 궁정 내에서도 복음주의자들이 있었습니다. 귀족이며 학식이 깊었던 아르뜨와의 루이 드 베르깽(Louis de Berquin)은 복음주의 신앙을 가지게 되자 프랑스 전역에 성경을 보급하고 성경의 가르침을 권유하는 소책자를 번역하거나 저술하기도 했습니다. 모 지방에서는 양모직공에서부터 학생, 그리고 한때 파리 근처 리브리 숲속의 오두막집에서 걸식하던 '리브리의 은자'(Hermit of Livry)도 복음적인 신앙을 갖게 됩니다. 복음주의 신앙은 파리, 모 뿐만 아니라 아비뇽, 뚜르, 리용 등지로 확산됩니다. 1524년 9월, 국왕 프란소와 1세는 "최근 5년간 루터파가 리용과 그 인접 지역에 창궐하고 있다."라고 말했을 정도였습니다.

프란소와 1세 치하의 박해

개혁운동이 일어났을 때 프란소와 1세는 비교적 관대한 입장을 취했고, 그의 종교정책은 모호하고 일관성이 없었습니다. 종교 그 자체보다도 정치적 이해관계에 따라 처신했기 때문이었습니다. 그는 자기 통치 지역에서 프로테스탄트들을 용납하여 국론이 분열되는 것을 원치 않았으나, 동시에 정치적 대립관계에 있던 카를 5세를 괴롭히기 위해 독일의 프로테스탄트들을 지원하기도 했습니다. 이런 이해관계 때문에 그는 프랑스의 프로테스탄트들을 처음부터 무자비하게 탄압하지 않았습니다. 그러나 후일 프로테스탄트 지지자가 급증하는 것을 보고는 종래의 온건한 입장이 강경 탄압정책으로 바뀌게 됩니다.

반면에 프랑스와 스페인 사이에 위치하고 있던 나바르 왕국에서는 사정이 달랐습니다. 나바르 왕 앙리(King Henry of Navarre)와 결혼했던 프랑소와 1세의 누이 앙굴렘의 마가렛(Margaret of Angoulême, 1492-1549)은 개혁운동을 지원하였습니다. 프로테스탄트였던 마가렛은 프랑스에 있을 때부터 인문주의자들을 지원했던 학식 있는 인물이었습니다. 그녀는 자기 오빠의 영토로부터 탈출해 온 프로테스탄트 망명객들을 받아들이고 보호해 주기까지 했습니다.

그동안 개혁운동에 대해 비교적 관대했던 프랑스에서 1525년부터 박해가 시작되었습니다. 이 해에 프랑스의 프랑소와 1세가 파비아(Pavia) 전투에서 카를 5세와 대결합니다. 파비아 전투란 1525년 2월 24일, 이탈리아의 파비아 성을 두고 카를 5세 치하의 합스부르크 군대와 프란소와 1세 치하의 프랑스 군대가 격돌한 전투입니다. 서로 국운을 걸고 사투를 벌였던 건곤일척의 이 전투에서 처음으로 화승총이 사용되기도 했습니다. 이 전투에서 프란소와 1세는 패배하여 마드리드 감옥에 유폐됩니다.

이때 프랑스에서는 이단을 척결할 수 있는 호기가 왔다고 판단하고 교회와 의회 그리고 소르본느 대학이 연합전선을 형성하여 프로테스탄트들에 탄압을 가했습니다. 의회는 섭정이었던 왕의 누이 마가렛에게 서한을 보내어 지금 국가와 왕실에 들이닥친 재난의 진정한 이유는 국왕이 이단을 처벌하는데 소홀했기 때문이라고 주장합니다. 이들은 교회의 재가를 받아 4인 위원회를 구성하였고, 이 기구가 개혁운동을 탄압하는 종교재판을 주도하였습니다. 탄압의 첫 대상자가 모(Meaux)의 주교 브리소네였습니다. 그는 심한 고문을 이기지 못하고 결국 가톨릭교회에 굴복합니다. 다음 목표는 르페브르였습니다. 그러나 그는 체포를 피해 스트라스부르크로 도망하였고, 그곳에서 카피토(Capito)의 따뜻한 환대를 받습니다. '리브리의 은자' 또한 투옥되었고 파리의 노틀담 성당 앞에서 화형을 당합니다. 베르깽은 체포되어 사형 언도를 받았으나 국왕이 프랑스로 돌아옴으로 간신히 방면됩니다. 파렐은 도피네로 갔다가 후에 바젤로 도피하였습니다. 다른 많은 사람들도 탄압을 받고 화형에 처해졌습니다. 르페브르의 신약성경은 불태워졌고, 1525년 모(Meaux)를 중심으로 시작된 개혁운동은 완전히 해체됩니다. 마드리드에 감금되었던 프랑스 왕이 1526년 3월 프랑스로 돌아왔으나 그의 통치력은 크게 약화됩니다. 고위 성직자들의 도움을 배제할 수 없었기 때문에 그는 복음주의자들을 탄압하지 않으면 안 되었습니다.

이러한 시기에 니콜라스 콥(Nicholas Cop) 사건이 일어납니다. 개신교운동을 지지하던 니콜라스 콥은 1533년 11월 1일 파리 대학 개학 강연에서 가톨릭의 신학을 대변하는 소르본느 교수들의 입장을 반대하기 위해 에라스무스의 자료를 인용했습니다. 그는 또한 복음과 율법을 대조시키면서 '값없이 주어지는 은혜'를 강조한 루터의 설교(1522년)를 인용했습니다. 이 사건 때문에 콥은 투옥되었고, 칼빈은 프랑스를 떠나지 않으면 안 되었습니다. 이 사건이 칼빈을 개혁자의 길을 가게 인도했던 전환점이 됩니다. 왕은 이 사건을 정치적으로 이용하여 보다 강격하게 복음주의자들을 적대하기 시작합니다. "우리는 세상의 어떤 것보다 이단의 박멸에 관심이 많다."고 선언합니다.

1534년에는 또 다른 사건이 일어납니다. 1534년 10월 18일, 파리시 전역에 미사를 비난하는 벽보가 부착된 '벽보사건' 혹은 '플래카드 사건'입니다. 교황과 고위 성직자들을 비난하는 이 벽보는 왕

궁에까지 뿌려졌습니다. 이에 분노한 프란소와 1세는 가혹한 조치를 취합니다. 야비한 고문이 개발되었고 투옥과 화형이 뒤따랐습니다. 약 400여 명이 체포되었고 그 중 23명이 화형을 당했습니다. 칼빈의 친구 에띠엔 드 라 포르즈(Etienne de la Forge)도 이때 희생됩니다.

그 후 루터파 제후들과 영국 왕 헨리 8세의 지지가 필요하게 되자 1535년 7월 16일 꾸시 칙령(Edict of Coucy)이 발표됩니다. 이단자들에 대한 탄압을 중지하고 타지로 망명했던 이들의 귀환을 허용하는 관용정책을 펴게 된 것입니다. 따라서 프란소와 1세가 황제 카를 5세와 대결하던 1536년부터 1538년 사이에는 박해가 거의 없었습니다. 그러나 그 후 다시 개신교도를 박해하기 시작합니다. 그래서 왕의 종교정책은 일관성이 없었고 모호했다고 말하는 것입니다. 1538년 12월과 1539년 6월 사이에는 개신교도를 박해하는 일련의 칙령들이 다시 선포됩니다. 1540년 6월 1일에 발표된 퐁텐느블로 칙령(Edict of Fontainebleau)에서는 이단에 대한 탄압을 세속법정에서 다루도록 허용했습니다. 칼빈의 『기독교 강요』는 배포 및 독서가 금지되었고, 1544년 소르본느 대학은 개신교 사상의 확산을 막기 위해 금서 목록을 작성하였습니다. 교회개혁의 역사는 어디에서나 순탄하지는 않았습니다만 프랑스의 경우 가장 가혹했습니다.

1545년 4월에는 메린돌(Merindol)과 인근 촌락에서 프로테스탄트인 왈도파 교도 3천여 명이 학살당했고, 일부는 스위스로 탈출하여 겨우 목숨을 건졌습니다. 1546년에는 프로테스탄트 교회가 모(Meaux)에 세워졌으나 곧 폐쇄당하고 맙니다. 14명의 지도자는 고문을 당하고, 사형을 당하기까지 합니다. 그럼에도 불구하고 1547년경에는 프랑스 전역에서 상호 독립적인 개혁신앙 집단이 생성되었습니다. 이들은 안전을 위해 개신교 신앙을 마음속에 감추어 둔 채 기존의 교구교회, 곧 가톨릭교회에 출석했습니다. 이런 경우를 칼빈은 니고데미즘(Nichodemism)이라고 불렀습니다. 예수님을 공개적으로 고백하는 것을 두려워했던 니고데모의 예(요 3:1-22)와 같았기 때문에 붙여진 이름입니다. 이와 같은 일들은 박해의 현장에서 신앙을 지키고, 거짓된 가르침에 대해 공개적으로 저항하는 것이 얼마나 어려운 것인가를 보여줍니다.

앙리 2세 치하의 박해와 개신교회의 설립

프란소와 1세는 1547년 3월 31일 사망하고, 그의 아들 앙리 2세(Henry II, 1519-1559, 재위기간은 1547-1559)가 왕위를 계승합니다. 그는 아버지의 정책을 계승하여 프로테스탄트에 대하여 보다 조직적인 박멸정책을 폈습니다. 그는 파리의회에 특별법정, 곧 종교재판소를 설치했는데 이 법정은 흔히 샤브르 아르당뜨(chambre andente), 곧 '불타는 법정'(burning courts)이라고 불렸습니다. 화형이 다반사였기에 붙여진 이름이었습니다. 그의 잔인한 탄압을 보여주는 한 가지 사례가 1551년 6월 27일에 발표된 샤또브리앙 칙령(the Edit of Chateaubriand)과 1557년 7월 27일 발표된 꼼삐뉴 칙령(Compiegne) 칙령입니다. 샤또브리앙 칙령은 종교재판의 신속한 집행과 종교적 탄원이나 관용을 불허하기 위한 목적으로 제정된 것이었습니다. 꼼삐뉴 칙령은 프로테스탄트들에 대한 관대한 재판을 엄격히 금지하고, 이단으로 선고받은 자의 재심청원권을 불허하는 칙령이었습니다. 앙리 2세 치하에서 많은 사람이 화형을 당했는데, 이들은 소리를 지르지 못하도록 화형 전에 혀를 절단당하기까지 했습니다. 이미 『기독교 강요』(1536)를 집필하여 프란소와 1세에게 헌정하면서 프랑스의 프로테스탄트들에게 관용을 베풀도록 요구하였던 칼빈은 프랑스에 각종 문서를 보내 그들을 지원했습니다. 그러나 이런 글들은 금서로 지정됩니다.

이런 박해 속에서도 프랑스 최초의 개신교회가 앙리의 재위 중에 설립됩니다. 이때가 1555년이었습니다. 프랑스 최초의 개신교회는 라 페리에(La Ferriere)라는 개신교인의 가정에 아이가 출생하는 일로 시작됩니다. 당시 개신교도들은 은밀히 가정에서 모였습니다. 그런데 라 페리에는 자신의 아이가 가톨릭 신부가 아닌 개신교 목사에게 세례 받기를 원했습니다. 그러나 그 지역에서는 불가능했고, 목사에게 세례받기 위해서는 파리에서 약 180km 떨어진 제네바까지 가야만 했습니다. 이런 상황에서 진정한 성례를 베풀기 위해 개혁교회를 설립하게 된 것입니다. 장 르 마송(Jean le Macon)을 목사로 선출하여 교회를 조직한 후, 라 페리에의 아이에게 유아세례를 베풀었습니다. 그 이전에 모 지방에 설립된 교회는 곧 폐쇄되었으나 이 교회는 핍박 중에서도 존속하였습니다. 같은 해에 모(Meaux), 앙제르(Angers), 루롱(Loudon), 쁘와띠에(Poitiers) 그리고 아르베르(Arvert) 지역에도 교회가 설립되었습니다. 후에는 디에프(Dieppe), 뚜르즈(Tours) 등에도 교회가 설립되어 1559년경까지 72개 처에 개혁교회가 설립되었습니다. 또 1561년 말에는 프랑스 전역에 670여 개의 개혁교회가 설립됩니다. 탄압 하에서도 은밀하게 교회가 설립된 것은 놀라운 일이 아닐 수 없습니다. 교회가 설립된 곳에는 목회자들이 필요했습니다. 그래서 칼빈의 제네바에서는 훈련된 사역자들을 프랑스로 파송했는데, 첫 인물이 필리베르 아믈렝(Philibert Hemelin)이었습니다. 1555년부터 1562년까지 제네바는 적어도 90

여 명의 목회자들을 파송하였고, 이들은 65개 처 교회에서 사역하였습니다.

여러 지역에 교회가 설립되자 전국적인 교회조직이 불가피했습니다. 1559년 5월 26일부터 28일까지 50여개 교회 대표들이 참석한 가운데 프랑스 개신교 최초의 교회 회의(총회)가 파리에서 비밀히 개최되었습니다. 이 회의에서 '프랑스 개혁교회'(The French Reformed Church)가 조직되었고, 신앙고백과 권징조례를 채택하고 장로교 정치제도를 도입하기로 결의합니다. 이때 채택한 신앙고백서는 칼빈이 1557년에 작성한 고백서, 곧 '35개조 신조' 및 '제네바 요리문답'과 거의 일치하였습니다. 또 권징조례는 제네바와 스트라스부르크 교회의 모형을 따랐지만 근본적으로는 칼빈의 『기독교 강요』에 기초한 것이었습니다. 이것은 프랑스 개혁교회가 제네바의 영향 하에 있었음을 보여줍니다.

개신교운동을 모질게 탄압하던 앙리 2세는 1559년 프랑스 개혁교회 총회 이후 6주일 후 마상(馬上) 무술시합에서 입은 부상으로 사망합니다. 그에게는 네 아들이 있었는데 이들 가운데 세 아들이 연이어 왕위를 계승하였습니다. 그들이 프란소와 2세(Francis II, 1559-1560), 샤를르 9세(Charles IX, 1560-1574) 그리고 앙리 3세(Henry III, 1574-1589)입니다. 또 세 딸을 남겼는데 그 중의 한 사람이 마가렛

(Marguerite)으로, 오빠 앙리 3세를 이어 프랑스의 여왕(1589-1610)이 됩니다. 앙리 2세가 사망한 후 미망인 메디치의 캐서린(Catherine de Medici)은 그의 아들들이 통치하는 기간 실제적 권력을 행사하였던 야심 찬 여인이었습니다. 이 기간 동안 귀족들 간의 대립과 투쟁, 그리고 그 정치적인 이해관계에서 개신교도들은 또 다른 고난을 겪게 됩니다.

언제부터라고 정확하게 말할 수는 없으나 이 무렵부터 프로테스탄트들은 '위그노' 혹은 '유그노'(Huguenot)라고 불립니다. 이 말의 기원은 확실치 않습니다만 프랑스의 프로테스탄트들, 특히 칼빈주의자들을 칭하는 용어였습니다.

종교적 대립과 내전

지금까지 프란소와 1세(1494-1547, 재위 1515-1547)와 앙리 2세(1519-1559, 재위 1547-1559) 통치 하에서의 개신교 운동에 대해 살펴보았습니다. 앙리는 1559년에 사망했는데, 이를 "하나님의 자비로운 섭리"라고 말했던 칼빈의 심정을 이해할 수 있습니다. 앙리가 죽은 후 앙리의 아들 프란소와 2세가 15세의 나이로 왕위를 계승합니다.

이 시기에도 개혁교회는 계속 확장되어 갔습니다. 1562년에는 프랑스 전역에 목사가 담임하고 있는 교회만 2,150여 개 처에 달했습니다. 앙리의 미망인 캐서린 드 메디치는 교황에게 보낸 서신에서 "이미 로마교회를 이탈한 자들을 창이나 칼, 법으로 다스린다는 것은 불가능합니다. 그들의 숫자가 너무도 많기 때문입니다."라고 판단했습니다.

이런 상황에서 프랑스의 위그노와 가톨릭교도 사이에 정치적 갈등이 노골화됩니다. 당시 상황을 이해하기 위해서는 부르봉, 몽모랑시 그리고 기즈가(家) 등 귀족가문의 정치적, 종교적 배경을 이해하는 것이 중요합니다. 간단히 말하면 부르봉가(家)는 개종자들이 많았기 때문에 친 프로테스탄트적이었다고 할 수 있고, 몽모랑시가(家)에도 개종자들이 있었으므로 부분적으로는 친 개신교적이었습니다. 반면에 기즈가(家)는 친 스페인적이고 친 가톨릭적이었습니다. 이 왕가는 로마에 상당한 영향력을 행사하고 있었습니다.

1560년이 되자 여러 정치 집단의 세력다툼은 심화되었습니다. 나바르의 왕 앙띠완느(Antoine, 1581-1562, King of Navarre 1555-1562)는 신념에 의해서가 아니라 정치적인 목적으로 프로테스탄트들을 지원합니다. 영향력이 확대된 기즈가(家)가 이에 반대하고 대항하게 되자 프랑스는 걷잡을 수 없는 분쟁 속으로 빠져듭니다. 1562년 3월 1일에는 '바시 학살사건'이 발생하였습니다. 샹파뉴 지방의 바시(Vassy)에서 예배를 드리고 있던 위그노들을 살육한 사건입니다. 루이스 스피츠에 의하면 이때 3백 명 이상이 피살되었다고 합니다. 이 학살사건이 1598년까지 프랑스를 전화로 이끌어 간 30여 년간의 종교전쟁의 시작이 됩니다. 위그노들은 기즈가에 대항하기 위해 몽모랑시가의 꼴리니(Gaspard de Coligny) 제독, 나바르의 왕자 앙리(Henry of Navarre) 그리고 꽁데(Conde) 등의 지도 아래 무력항쟁을 개시하였습니다. 영국의 엘리자베스는 위그노들을 지원하였고, 스페인의 필립 2세는 가톨릭측을 지원하였습니다.

성 바돌로매 날의 대학살

내전 중에도 몽모랑시가의 꼴리니의 영향력이 크게 신장됩니다. 어린 왕 샤를르(Charles) 9세의 섭정 캐서린 드 메디치가 볼 때는 위협이 아닐 수 없었습니다. 그래서 캐서린은 꼴리니를 암살할 계획을 세웠으나 실패로 돌아갔습니다. 암살음모가 드러나자 위그노들은 진상조사를 요구했습니다. 수세에 몰린 캐서린과 기즈 가문은 꼴리니만이 아니라 모든 위그노들을 처치할 음모를 꾸몄습니다. 캐서린은 자신의 딸이자 샤를르 9세의 동생 마가렛과 개신교 지도자인 나바르의 왕자 앙리(Henry of Navarre)와의 결혼을 주선합니다. 이 결혼은 단순한 결혼이 아니라 로마 가톨릭 교도인 신부와 개신교도인 신랑의 결혼이자 학살의 음모가 숨겨진 계략적인 결혼이었습니다. 이들의 결혼식은 1572년 8월 18일로 예정되었고, 실상을 모르는 프랑스인들은 이 결혼으로 내란이 종식되고 평화가 올 것을 기대했습니다. 계략을 알지 못했던 꼴리니를 비롯한 많은 위그노 지도자들도 파리로 모여들었고, 8월 18일 결혼식은 성대히 치러졌습니다.

결혼식 후에 열린 잔치가 채 끝나기도 전에 역사에 기록될 잔인한 살육이 시작되었습니다. 이날이 1572년 8월 24일, 성 바돌로매의 날(St. Bartholomew's day)이었습니다. 그 날 밤 캐서린은 자기 아들인 왕 샤를르에게 위그노들이 왕족과 가톨릭 신자들을 암살하려는 음모를 꾸미고 있고 그 주모자는 꼴리니라고 모함하였습니다. 따라서 이를 사전에 막기 위해서는 위그노들을 죽이지 않으면 안 된다고 자문합니다. 평소에 우유부단하고 심약한 왕은 이 말을 믿고 위그노 학살을 허락함으로써 사상 유례가 없는 대 살육이 일어나게 된 것입니다. 샤를르 9세와 캐서린의 허락 하에 기즈공은 파리의 치안담당자에게 살육지시를 내렸고, 이날 자정 성 제르마인 교회 종소리를 신호로 대학살이 시작되었습니다. 개신교 지도자 꼴리니는 참혹하게 난자당했고, 수많은 위그노들이 무방비 상태에서 피살되었습니다. 갓난아기들이 둔기에 맞아 쓰러졌고, 늙은이들은 칼에 찔려 무참히 죽어갔습니다. 시체는 세느 강에 버려졌습니다. 위대한 학자 페루투스 라무스(Petrus Ramus)는 무릎 꿇고 기도하던 중에 목이 잘려 시체가 길거리에 버려졌습니다. 살육은 파리에서 3일간 계속되었는데, 약 3천명의 위그노들이 살해되었고 도시는 피로 물들었습니다. 살육이 이처럼 참혹하리라고는 캐서린 자신도 예측하지 못했을 것이라고 루이스 스피츠는 쓰고 있습니다. 파리의 학살은 전국적인 학살의 예고였습니다. 전국적인 희생자는 상당수에 달했는데, 일반적으로 역사가들은 3만 명에서 7만 명의 위그노들이 살해된 것으로 추산하고 있습니다. 칼빈의 제네바에서는 이 비통한 소식을 듣고 금식을 선포하였으나 교황 그레고리 13세는 이날을 축하하여 '하나님께 찬양'이란 뜻의 '데 데움'(Te Deum) 성가를 부르도록 명하고 특별 미사를 집전하였습니다. 로마에서는 축제 분위기 속에서 3일간 불을 끄지 않았다고 합니다.

히브리서의 말씀은 예언적이었습니다. "저희가 믿음으로 나라를 이기기도 하며 불의 세력을 멸하기도 하며……또 어떤 이들은 희롱과 채찍질 뿐 아니라……돌로 치는 것과 톱으로 켜는 것과 시험과 칼에 죽는 것을 당하고"(히 11:33-37). 대학살에도 불구하고 위그노가 다 소멸되지는 않았습니다. 그 모진 격랑 속에서도 '남은 자'들이 있었습니다.

낭트 칙령과 신앙의 자유

프랑스 왕 샤를르 9세는 무능하여 그가 왕위에 있던 1574년까지 프랑스는 혼란기였습니다. 그는 1574년 24세의 나이로 사망하고, 왕위는 동생 앙리 3세에게로 이양되었습니다. 그는 1589년까지 15년간 왕위에 있었으나 우둔하고 유흥과 쾌락을 즐기는 불량아였습니다. 그가 광신적 수도사에 의해 피살됨으로써 발로이스 왕가는 막을 내리게 됩니다. 이제 왕위는 나바르의 앙리에게로 돌아갔습니다. 그는 캐서린의 딸 마가렛의 남편으로서 위그노였습니다. 성 바돌로매 날의 대학살에서 살아남은 그는 36세의 장년이었습니다. 그가 앙리 4세란 이름으로 즉위하자 위그노들에게는 서광이 비치는 듯 했습니다. 그러나 가톨릭교도들은 그에게 반기를 들었고 종교전쟁은 계속됩니다. 스페인 군대의 위협도 만만치 않았습니다. 결국 그는 어머니의 신앙을 포기하고, 1593년 7월 25일 가톨릭으로 개종을 선택합니다. 위그노들은 소수에 불과하였고 절대 다수인 가톨릭교도들의 지지를 얻기 위해 개종한 것입니다. 앙리 4세의 개종으로 가톨릭교도들이 승리하는 것처럼 보였지만, 앙리는 즉위한지 9년 후인 1598년 4월 13일, 위그노의 종교적 권리와 시민으로서의 법적 권리를 인정하는 낭트 칙령(Edict of Nantes)을 발표하였습니다.

낭트 칙령은 위그노들이 파리 시내를 제외하고는 모든 장소에서 자유롭게 예배를 드릴 수 있도록 허락하였습니다. 또 국가 공무원직과 의회 의원직을 비롯하여 모든 정치적인 권리를 누리도록 허락했습니다. 그래서 위그노들은 비록 완전하지는 않았지만 예배의 자유를 누리게 된 것입니다. 이제 프랑스에서 개혁교회는 새로운 전기를 맞게 되었으나, 앙리 4세는 1610년 '예수회'에 속한 광신적 가톨릭교도(Ravaillac)에 의해 암살됩니다. '예수회'(Societas Jesu)란 1540년 스페인의 익나티우스 로욜라(Ignatius Lioyola)가 창립한 가톨릭교회 단체입니다. 개신교 박멸을 최상의 목표로 하였고 교황에의 절대 복종을 강조하고 "목적은 수단을 정당화 한다."고 믿었던 조직이었습니다.

낭트 칙령으로 프랑스에서 위그노, 곧 개신교가 완전한 자유를 얻은 것은 아닙니다. 앙리 4세가 사망하자 그의 아들 루이(Louis) 13세, 루이 14세가 차례로 왕위를 계승하게 됩니다. 루이 14세는 왕권신수설을 주창하였습니다. 그는 가톨릭을 프랑스 국교로 삼기 위해 1685년 낭트 칙령을 폐기하고 전국의 프로테스탄트 목사와 지도자는 14일 이내에 국외로 퇴거할 것을 명했습니다. 위그노의 교회당이 불살라지고 8천여 처의 집회소가 폐쇄됩니다. 신교의 자녀들은 신부에게 끌려가 영세를 받게 하였고, 개신교 학교는 폐교됩니다. 많은 개신교도들이 순교하였고 다수의 사람들은 망명의 길을 선택합니다. 이렇게 되어 많은 위그노들은 신앙의 자유를 찾아 스위스, 네덜란드, 영국, 북미로 이민하였습니다.

최초의 박해로부터 박해의 종식까지 약 4백만 명의 신교도가 프랑스를 떠난 것으로 알려져 있습니다. 많은 귀족들과 학자들, 상공업자 등 고급 인력이 프랑스를 떠남으로써 프랑스 경제는 몰락합니다. 이것이 후일 프랑스 대혁명의 원인이 되기도 합니다. 결국 프랑스인들은 다른 곳에서 새로운 신앙운동을 전개함으로써 프랑스는 다른 나라에 선한 씨앗을 뿌렸다고 할 수 있습니다. 박해는 항상 두 가지 긍정적인 결과를 가져옵니다. 첫째는 복음의 확산이고, 다른 한 가지는 그 교회를 강건하고 순수하게 만들어 줍니다. 프랑스 종교개혁사에서도 이 점을 확인할 수 있습니다.

제12장
종합과 결론

　　이상에서 종교개혁의 배경, 중세하에서의 개혁운동, 종교개혁기의 권력자들에 대해 공부하였고, 특히 독일, 스위스, 스코틀랜드, 영국 등지에서 일어난 개혁운동과 스위스, 독일, 네델란드에서 기원한 재세례파의 개혁운동에 대해 소개하였습니다.

　　16세기 종교개혁은 수많은 고난과 탄압 중에서도 성경적 기독교 신앙과 제도를 회복하려는 노력이었습니다. 그 결과 오직 성경, 오직 믿음, 오직 은혜로 정리될 수 있는 성경관, 구원관, 은혜관, 교회관 등의 개신교 신학과 신앙을 확립하게 된 것입니다. 말하자면 바른 구원관과 성경적 삶의 방식을 깨닫게 된 것입니다. 종교개혁이라는 거대한 변혁운동은 기독교나 교회에만이 아니라 사회 전 영역에 영향을 주어 근대시민 사회 형성에도 기여하였습니다.

종교개혁의 결과, 루터를 중심으로 독일에서 전개된 개혁운동은 루터파를 형성하였고, 스위스에서의 츠빙글리와 칼빈의 개혁운동은 연합하여 후일 개혁파로 발전하였습니다. 루터와 츠빙글리가 거의 동시에 개혁운동을 전개하였고, 신학적 차이도 거의 없었으나 성찬관의 차이로 결별하여 결국 루터파와 개혁파로 나뉘게 되었습니다. 이런 분열은 애석한 일이지만 당시로서는 성찬관이 심각한 사안이었으므로 양자 간의 차이를 해소하지 못한 것으로 보입니다. 스위스에서 일어난 개혁파는 프랑스로 전파되어 위그노라고 불렸으나 후일 프랑스 개혁교회를 형성하였고, 네델란드로 전파된 개혁파는 화란 개혁교회를 형성하게 됩니다. 이들의 후예가 미국으로 이주하여 북미에 개혁교회를 형성하게 됩니다.

낙스를 중심으로 스코틀랜드에서 일어난 교회개혁은 장로제도의 교회, 곧 장로교회를 형성하게 됩니다. 칼빈의 영향을 받은 낙스는 조국에서 개혁을 단행한 후 스코틀랜드 '개혁교회'로 명명할 수도 있었지만, 인접한 잉글랜드의 '감독제도'와 다른 제도의 교회인 것을 분명하게 드러내기 위하여 '장로교회,' 곧 장로제도를 채용한 교회로 명명합니다. 신학은 개혁파의 전통을 따르지만 교회정치 제도는 장로제를 지향했으므로 장로교회라고 명명한 것입니다. 스코틀랜드의 후예들이 미국, 캐나다, 호주, 뉴질랜드로 이주하여 그곳에 장로교회를 전파하였고, 그 후예들이 1880년대 한국에 선교사로 내한함으로써 한국에 장로교회가 소개된 것입니다.

종교개혁은 성경의 기독교를 회복하기 위한 고투였으나 결과적으로 교파를 형성하게 되었습니다. 로마 교황만이 성경을 해석할 수 있다는 천주교와는 달리 프로테스탄트는 성경해석의 자유를 중시하였고 결과적으로 신학적 견해를 달리하게 되자 불가피하게 교파를 형성하게 된 것입니다.

종교개혁 연표

1302	교황 보니파시오 8세 '하나의 거룩한 교회'(*Unam Sanctam*) 발표
1304-74	프란체스코 페트라키(Francesco Petrarch), 이탈리아 문인
1309-77	교황청의 아비뇽 유수기
1330-84	존 위클리프, 영국의 개혁자
1337-1453	영국과 프랑스 간의 100년 전쟁
1346-53	유럽에서 흑사병(Black Death) 발병
1369-1415	얀 후스, 체코의 개혁자
1378-1418	교황청의 대분열
c.1380-14171	토마스 아킴피스, 『그리스도를 본받아』 출판
1382-95	위클리프 성경, 중세의 영어성경
1386	하이델베르크대학 설립, 독일 최초의 대학
1414-18	콘스탄츠 회의 교황청 분열 해결, 얀 후스 정죄
1452-1519	레오날드 다 빈치, 이탈리아 화가
1453	콘스탄티노플 오토만 터키에 함락
1454/5	구텐베르크 성경 출판
1466-1536	에라스무스, 기독교 인문주의자
1471-1528	알브레히트 뒤러(Albrecht Dürer), 독일화가
1478	스페인 종교재판소 설치
1482-1531	요하네스 외콜람파디우스, 독일의 개혁자
1483-1546	마르틴 루터, 독일의 개혁자
1484-1531	츠빙글리, 스위스의 개혁자
1489-1556	토마스 크랜머, 켄터버리 대주교이자 개혁자
1491-1551	마틴 부써, 스트라스부르크의 개혁자
1491-1556	익나티우스 로욜라, 예수회 창립자
1492	컬럼부스 바함스(Bahams) 신대륙 발견
1492-1503	교황 알렉산더 6세 재임
c.1495	다 빈치 '최후의 만찬' 완성
1496-1561	메노 사이먼스(Menno Simons), 온건한 재세례파, 평화주의자
1497-1543	한스 홀바인(Hans Holbein), 독일 화가
1497-99	바스코 다 가마, 인도 발견
1498	사바나롤라, 프로렌스에서 이단으로 화형 당함

c.1498–1526	콘라드 그레벨(Conrad Grebell), 스위스의 급진 개혁자
1502	비텐베르크대학 설립
1504–75	하인리히 불링거(H. Bullinger), 츠빙글리의 후계자
1506	로마의 베드로성당 재건축 시작
1508–12	미켈란젤로 시스티아성당 천장화(天障畵)
1509–1564	칼빈, 프랑스 출신 제네바 개혁자
1509	영국의 헨리 8세 아라곤의 캐더린(Catherine of Aragon)과 혼인
1511	루터, 로마 방문
c.1512	코페루니쿠스(1473–1543), 지동설 주장
1512–17	로마에서 제5차 라테란회의
c.1515–72	존 낙스, 스코틀랜드의 개혁자
1516	에라스무스 그리스어 『신약성경』 출판
1517	교황 레오 10세 면죄부(免罪符) 판매 시작
1517	루터의 95개 조 발표
1518	루터 하이델베르그논쟁에서 자신을 변호함
1519	아우그스브르크에서 카예탄(Kajetan)이 루터 심문
1519	루터 라이프찌히에서 에크(Eck)와 논쟁
1519	츠빙글리 취리히에서 개혁 시작
1519–56	카를 5세 통치
1519–21	스페인이 멕시코 점령
1520	레오 10세 루터 파문(Exsurge Domine)
1521	루터 보름스 제국회의에서 자신의 주장 철회 거부, 이단으로 정죄됨
1521	루터 프레드리히 3세에 의해 바트부르크(Wartburg)에서 보호 받음
1521	교황 레오 10세가 잉글랜드의 헨리 8세에게 '신앙의 수호자' 칭호 수여
1521	마젤란, 필리핀이 스페인에 속한 것으로 선언
1522	루터의 독일어 신약성경 출판
1524	에라스무스, 루터에 반대하여 『자유의지론』(On Free Will) 출판
1524–25	독일 농민전쟁
1525	루터 캐더린 폰 보라(Katherina von Bora)와 혼인
1525	루터, 에라스무스에 반대하는 『의지의 속박』(The Bondage of the Will) 출판
1525	취리히에서 '스위스형제단'(재세례파운동) 시작
1526	틴데일(William Tyndale)의 영어성경 출판
1526	개신교의 토르가우(Torgau) 연맹 결성
1526	스파이에르(Speyer) 의회에서 보름스칙령 강요 연기
1527	스웨덴에서 종교개혁 시작
1528	베른(Berne)에서 종교개혁 단행

제12장 종합과 결론

1529	루터와 츠빙글리 간의 성만찬 논쟁 (마부르크 논쟁)
1529	제2차 스파이에르(Speyer) 의회, 프로테스탄트(Protestant) 용어 처음 사용
1529	바젤에서 종교개혁
1530	아우구스부르크신앙고백서 작성
1530	루터파 쉬말칼텐동맹 결성
1531	츠빙글리 카펠(Kappel) 전투에서 전사
1531	불링거가 츠빙글리를 계승함
1533	칼빈, 박해 피해 프랑스 탈출
1534	루터 번역 성경 출판
1534	잉글랜드의 헨리 8세 '수장령' 발표
1534-5	과격한 재세례파 뮌스터 반란
1535	존 핏셔와 토마스 모어 런던서 처형됨
1535	커버데일 성경 출판(가경 포함)
1536	칼빈『기독교 강요』초판 출간
1536	틴데일 이단으로 정죄되어 처형
1536	메노 사이먼스 로마 가톨릭과 결별, 화란의 재세례파지도자가 됨
1536-38	칼빈의 제1차 제네바 체류
1537	쉬말칼텐 신조(*Schmalkald Articles*), 루터교 신앙을 요약함
1538-41	칼빈 제네바에서 추방되어 스트라스부르크에 체류
1539	잉글랜드 '6개 조항'으로 가톨릭 신앙회복
1540	교황 파울 3세 '예수회'(Jesuits) 인가
1541	라티스본(Ratisbon, 현 Regensburg) 논쟁, 개신교와 가톨릭 재결합 시도 실패
1542	프란시스 자이비어(Francis Xavier, 1506-52) 인도 고아(Goa) 도착
1542	교황 바울 3세 영구한 종교재판소 설치
1545-47	제1차 트렌트공의회
1545-1622	앤드류 멜빌(Andrew Melville)
1546	조지 휘샤트(George Wishart) 스코틀랜드개혁자 처형됨
1547-53	에드워드 6세 잉글랜드 통치
1549	취리히의 불링거와 제네바의 칼빈, 취리히 협약(*Consensus Tigurinus, Zurich Agreement*)
1549	프란시스 자이비어 일본 도착
1551-52	제2차 트렌트회의
1553	반삼위일체론자 미카일 세르베투스 제네바에서 추방됨
1553-58	투더가(家)의 메리(Mary Tudor) 잉글랜드 통치
1555	아우구스부르크 화의(Peace of Augusburg) 종료, 첫 종교전쟁

1555	요한 슬라이단(Johann Sleidan), 첫 종교개혁사(*The Protestant Vision of History*) 출판
1556	토마스 크랜머 처형됨
1558-1603	잉글랜드 엘리자베스 1세 통치
1559	칼빈 제네바 아카데미 설립
1559	칼빈의 『기독교 강요』 최종판 발행
1559	존 낙스 망명 생활 후 스코틀랜드로 돌아감
1560	스코틀랜드신앙고백서(*Confessio Scoticana*) 작성
1560	스코틀랜드 장로교총회 조직
1560	제네바 성경 출판(절[節]이 구분된 첫 인쇄성경)
1561	쁘와시 논쟁(Colloquy of Poissy)
1561	벨기에 신앙고백서(*Belgic Confession*) 작성
1562-63	제3차 트렌트공의회
1562-98	프랑스에서의 종교전쟁
1563	하이델베르그 신앙문답서 작성
1563	잉글랜드교회의 39개 조 작성
1563	존 폭스의 『순교자열전』 출간
1564-1616	윌리엄 셱스피어
1567-68	제복 논쟁(잉글랜드)
1568-1648	네델란드 종교전쟁(80년 전쟁)
1570	교황 피우스 5세, 잉글랜드의 엘리자베스 1세를 이단으로 규정(Regnans in Excelsis, Reigning on high)
1572	프랑스, 성바돌로메날의 대학살
1575	보헤미아 신앙고백서
1583	이탈리아 예수회 신부 마테오 릿치(Matteo Ricci) 중국도착
1584	오랜지공 윌리엄(William of Orange) 암살됨
1588	스페인의 아르마다(Armada) 함대 영국 공격 실패
1590	첫 항거리어 성경 출판
1593	프랑스 앙리 4세 개신교 신앙 포기
1598	낭트칙령, 위그노들에게 제한된 종교자유 선언
1603-25	잉글랜드, 제임스 1세 통치
1608-74	존 밀턴, 영국의 청교도 작가
1609	아르미니우스(Arminius) 사망
1611	흠정역(*King James Version*) 성경 출판
1618-19	돌트회의, 아르미니우스파 주장 거부
1618-48	독일 30년 전쟁
1620	잉글랜드의 청교도(Pilgrims) 뉴잉글랜드로 이주

제12장 종합과 결론

1621	반종교개혁의 지도자 로버트 벨라르민(Robert Bellarmine) 사망
1623-62	파스칼, 프랑스 종교사상가
1625-49	찰스 1세, 스코틀랜드와 잉글랜드 통치
1637	르네 데카르트 『방법론 서설』 출판
1642-49	잉글랜드의 내전
1643-49	웨스트민스터 회의
1647	웨스트민스터 신앙고백서 작성
1648	웨스트팔리아조약으로 30년 전쟁 종식
1649	영국의 찰스 1세 처형됨
1658	영국의 호국경 올리버 크롬웰 사망
1660	찰스 2세(1660-85)의 복귀
1667	존 밀턴의 『실낙원』 간행
1675	스페너, 『경건에의 열망』(Pia Desideria) 출판
1678	존 버니언, 『천로역정』 출판